普通高等院校"十二五"创新型重点规划教材

成本会计习题与实训

主　编　朱盛萍　胡梨花　张秀霞

副主编　涂粤骏　吴连香　吴华娟

周　莉　刘　秀

合肥工业大学出版社

策划编辑　刘芳芳
责任编辑　王　磊
封面设计　张　争

图书在版编目(CIP)数据

成本会计习题与实训/朱盛萍，胡梨花，张秀霞主编．—合肥：合肥工业大学出版社，2012.8
ISBN 978-7-5650-0775-0

Ⅰ．成…　Ⅱ．①朱…②胡…③张…　Ⅲ．成本会计—高等学校—教学参考资料　Ⅳ．F234.2

中国版本图书馆 CIP 数据核字(2012)第 146553 号

成本会计习题与实训

朱盛萍　胡梨花　张秀霞　主编　　　　责任编辑　王　磊

出　版	合肥工业大学出版社	版　次	2012 年 8 月第 1 版
地　址	合肥市屯溪路 193 号	印　次	2012 年 8 月第 1 次印刷
邮　编	230009	开　本	787 毫米×1092 毫米　1/16
电　话	发行部：0551—2903188	印　张	5.75
	编辑部：0551—2903204	字　数	150 千字
网　址	www.hfutpress.com.cn	印　刷	安徽省瑞隆印务有限公司
E-mail	hfutpress@163.com	发　行	全国新华书店

ISBN 978-7-5650-0775-0　　　定价：12.00 元

如果有影响阅读的印装质量问题，请与出版社发行部联系调换。

前 言

《成本会计习题与实训》是以教育部《高职高专会计专业人才培养方案》为依据，结合市场经济对该层次学生的就业需求情况和正在进行的课程教学改革情况，同时配合《成本会计》教材的出版而编写的。

本教材以高职高专财务会计专业学生的职业能力培养目标、知识目标、技能目标为标准，以制造企业产品生产成本的计算为主要内容，并纳入学生就业面较广的行业的成本核算内容，有利于提高学生动手能力，实现学习就业零距离接触。

本教材力求做到精选习题、甄选实训用凭证，将习题与实务训练进行有效结合，避免内容上的部分重复，从而有效地节约了学生学习的时间，且有助于学生理解做习题与做实训之间的联系。

本教材可以作为高等职业技术院校、高等专科学校、成人高等学校和应用型本科院校会计类专业学生的教学用书，也可以作为各类企业在职会计人员培训、自学教材，以及各类企业管理人员的参考读物。

本教材由南昌工学院朱盛萍、胡梨花以及广东工程职业技术学院张秀霞担任主编，副主编由南昌工学院涂粤骏、吴华娟，江西渝州科技职业技术学院吴连香，江西航空职业技术学院周莉以及南昌理工学院刘秀担任。其中，模块一由吴华娟、周莉编写，模块二由胡梨花、吴连香编写，模块三由涂粤骏、张秀霞编写，模块四由朱盛萍老师编写。全书最后由朱盛萍老师审定。

最后，感谢所有在编写教材过程中给予帮助的领导、同事和朋友们！

编者

2012 年 6 月

目　　录

模块一　成本会计基础理论

⊙训练目标

1. 能够正确解释成本、费用的含义；
2. 能正确建立企业的成本工作组织，制定内部成本会计制度；
3. 熟悉产品核算的基本要求，能描述产品核算的一般程序；
4. 能运用成本核算的主要会计科目进行成本核算。

关键概念

成本　费用　支出　成本会计对象　成本核算

✍强化练习

一、单项选择题

1. 工业企业的成本会计的对象是指(　　)。
   A. 工业企业各项期间费用的支出
   B. 工业企业生产经营过程中发生的产品生产成本
   C. 工业企业发生的财务成本
   D. 工业企业生产经营过程中发生的产品生产成本和期间费用
2. 小企业为了提高成本会计工作的效率和降低成本管理的费用，一般采用(　　)。
   A. 自由工作方式　　B. 分散工作方式
   C. 集中与分散结合方式　　D. 集中工作方式
3. 下列不表现或转化为费用的是(　　)。
   A. 为生产品购进的材料　　B. 企业购建的办公楼
   C. 管理不善造成的非常损失　　D. 购买的生产设备
4. 根据有关的历史数据，运用一定的方法对未来的成本水平及其发展趋势所作出的科学估计是(　　)。
   A. 成本分析　　B. 成本预测
   C. 成本计划　　D. 成本决策
5. 企业产品成本，是通过设置(　　)账户来组织核算的。
   A. 生产成本　　B. 劳务成本
   C. 产品成本　　D. 生产费用
6. 计入产品成本的费用是(　　)。
   A. 管理费用　　B. 利息支出

C. 生产工人工资　　D. 固定资产租赁费

7. 下列各项中，属于工业企业费用要素的是(　　)。

A. 直接材料　　B. 制造费用

C. 废品损失　　D. 外购燃料

8. 下列各项中，属于产品生产成本项目的是(　　)。

A. 外购材料　　B. 直接人工

C. 折旧费　　D. 利息费用

9. 企业为生产产品耗用的原料费用是(　　)。

A. 直接生产费用　　B. 间接生产费用

C. 直接计入费用　　D. 间接计入费用

10. 下列各项中，属于间接生产费用的是(　　)。

A. 生产工人工资　　B. 机器设备耗用电费

C. 机器设备折旧费用　　D. 车间厂房折旧费用

11. 成本核算是成本会计的(　　)内容。

A. 重要　　B. 一般　　C. 必不可少　　D. 核心

12. 下列各项中属于费用要素的是(　　)。

A. 原材料　　B. 生产工人的工资和福利费

C. 折旧费用　　D. 制造费用

13. 成本分析一般在(　　)进行。

A. 事前　　B. 事中　　C. 事后　　D. 事前、事中和事后

14. (　　)构成产品的理论成本。

A. 已耗费的生产资料转移的价值

B. 劳动者为自己劳动所创造的价值

C. 劳动者为社会劳动所创造的价值

D. 耗费的生产资料转移的价值和劳动者为自己劳动所创造的价值

15. 下列各项中不是费用要素的是(　　)。

A. 购买材料　　B. 购买动力　　C. 制造费用　　D. 职工薪酬

16. 下列支出，不应计入产品成本的是(　　)。

A. 产品生产材料费用

B. 生产岗位管理人员的薪酬

C. 从事自制设备工程的人员薪酬

D. 车间生产设备的折旧费

17. 期末如果既有完工产品成本，又有在产品，企业应将(　　)在本期完工产品和期末在产品之间进行分配。

A. 期初在产品成本

B. 本期发生的生产费用

C. 期初在产品成本加上本期发生的生产费用(累计生产费用)

D. 本期发生的生产费用减去期初在产品成本

18. 下列账户中，期末结转后应有余额的账户有(　　)。

A. 生产成本　　B. 销售费用　　C. 财务费用　　D. 管理费用

19. 要正确划分各月的费用界限，应遵循(　　)。

A. 配比原则　　B. 权责发生制原则

C. 实际成本原则　　D. 收付实现制原则

20. 下列各项中应该计入管理费用的是(　　)。

A. 企业专设销售机构人员的工资

B. 产品广告的费用

C. 企业的职工教育经费

D. 车间的办公费用

二、多项选择题

1. 工业企业的生产经营管理费用包括(　　)。

A. 生产费用　　B. 销售费用

C. 管理费用　　D. 财务费用

2. 为了进行成本审核、控制，正确计算产品成本和经营管理费用，还必须做好以下各项基础工作：(　　)。

A. 定额的制定和修订　　B. 材料物资的计量、收发、领退与盘点

C. 原始记录　　D. 厂内计划价格的制定和修订

3. 属于直接生产费用的有(　　)。

A. 生产耗用的材料　　B. 生产工人计件工资

C. 车间机器折旧费用　　D. 车间厂房折旧费用

4. 属于间接生产费用的有(　　)。

A. 管理费用　　B. 财务费用

C. 车间机物料消耗　　D. 分厂辅助工人工资

5. 工业企业成本会计的对象是(　　)。

A. 生产经营过程中发生的产品生产成本

B. 生产经营过程中发生的管理费用

C. 生产经营过程中发生的财务费用

D. 生产经营过程中发生的营业费用

6. 下列应计入产品成本的费用是(　　)。

A. 行政管理部门固定资产的修理费

B. 生产车间固定资产的折旧费

C. 销售部门固定资产折旧费

D. 生产车间工人工资

7. 成本会计工作的组织，主要包括(　　)。

A. 设置成本会计机构

B. 配备必要的成本会计人员

C. 组织成本核算

D. 进行成本预测和决策

8. 企业组织和从事成本会计工作必须遵守的法律、法规和制度有(　　)。

A.《会计法》　　B.《企业财务通则》

C.《企业会计准则》　　D.《企业会计制度》

9. 工业企业的支出，包括（　　）。
   A. 资本性支出　　B. 收益性支出
   C. 所得税支出　　D. 营业外支出
10. 成本的主要作用（　　）。
   A. 是制定和选择决策方案的重要依据
   B. 是补偿生产耗费的尺度
   C. 是业绩评价的重要依据
   D. 是制定价格的依据
11. 成本会计的基础工作主要是指建立健全（　　）。
   A. 原始记录制度　　B. 定额管理制度
   C. 计量验收制度　　D. 内部结算价格制度
12. 下列属于成本会计任务的是（　　）。
   A. 正确计算产品成本，及时提供成本信息
   B. 优化成本决策，确立目标成本
   C. 加强成本控制，防止挤占成本，提高效益
   D. 建立成本责任制度，加强成本责任考核
13. 下列各项中属于管理费用的有（　　）。
   A. 诉讼费　　B. 工会经费　　C. 业务招待费　　D. 广告宣传费
14. 按成本与业务量之间的关系将成本分为（　　）。
   A. 固定成本　　B. 不可控成本　　C. 可控成本　　D. 变动成本
15. 下列各项费用中，能够直接计入产品成本的费用是（　　）。
   A. 生产一种产品所发生的材料费用
   B. 生产几种产品所发生的原材料费用
   C. 生产几种产品所发生的工人工资
   D. 生产一种产品所发生的工人工资
16. 为了正确划分费用与成本的界限，企业不得（　　）。
   A. 将应计入产品成本的生产费用列为期间费用
   B. 将制造费用计入产品成本
   C. 将期间费用计入产品成本
   D. 将生产费用计入产品成本
17. 成本核算的一般程序包括（　　）。
   A. 费用的审核和控制
   B. 生产费用在各个成本核算对象之间的分配
   C. 期间费用在各个成本核算对象之间的分配
   D. 生产费用在本期完工产品和期末在产品之间的分配
18. 为了正确地计算成本、费用，对于这些财产物资的计价和价值结转的方法要求（　　）。
   A. 既合理又简便　　B. 保持相对稳定
   C. 保证成本信息的可比性　　D. 保持不变
19. 在计算产品成本时，需要正确划清的费用界限有（　　）。
   A. 成本费用与非成本费用的界限

B. 本期费用与非本期费用的界限
C. 生产费用与期间费用的界限
D. 各种产品费用的界限

20.“辅助生产成本”明细科目是指(　　)。
A. 核算企业辅助生产车间为基本生产服务而进行的产品生产和劳务供应所发生的生产费用
B. 贷方登记转出的完工入库产品的成本和分配转出的劳务费用
C. 借方登记为进行辅助生产而发生的各项费用
D. 借方登记为进行基本生产而发生的各项费用

三、判断题

1. 产品生产成本是企业为生产产品而发生的各种耗费,包括财务费用。(　　)
2. 成本计划是进行成本的控制、成本分析的成本考核的依据。(　　)
3. 在实际工作中,成本的开支范围与理论成本包括的内容是一致的。(　　)
4. 成本会计的任务包括:成本的预测、决策、计划、控制、核算、考核和分析。(　　)
5. 工业企业成本会计反映和监督的主要内容是各项费用的形成和分配。(　　)
6. 各行业企业生产经营管理的要求虽然不尽相同,但所制定的成本会计制度是相同的。(　　)
7. 生产工人工资和福利费是产品成本项目。(　　)
8. 成本会计的对象,概括地讲就是产品生产成本的形成过程。(　　)
9. 成本的经济实质是生产经营过程中所耗费的生产资料转移的价值货币表现。(　　)
10. 成本会计反映的职能,就是从价值补偿的角度出发,反映生产经营过程中各种费用的支出及产品生产成本的期间费用的形成情况。(　　)
11. 成本会计的基本工作是成本预测工作。(　　)
12. 成本会计工作制度可以由企业自行制定,不受国家法律、行政法规和规章的约束。(　　)
13. 成本可以补偿生产耗费,因此,可以补偿企业所有的支出。(　　)
14. 按成本是否可以控制将成本分为可控成本和不可控成本。(　　)
15. 直接计入成本和间接计入成本的区别就是是否是产品成本的组成部分。(　　)
16. 企业进行工业性生产发生的各项生产成本通过生产成本账户来核算。(　　)
17. 权责发生制反映了应由本期成本负担的费用,不论是否已经支付,都要计入本期成本;不应由本期成本负担的费用,即使在本期支付,也不应作为本期成本。(　　)
18. 企业一定时期的收入与其相关的成本、费用应当相互配比,反映了可靠性原则的内容。(　　)
19. 重要性原则是指产品成本中重要的内容和次要的内容都应该单独设项目进行核算。(　　)
20. 低值易耗品和包装物价值的摊销方法属于财产物资的计价结转方法。(　　)

仿真训练

任务一　认识成本会计

［资料］　李明、张飞和王华三人是好朋友，他们立志要干一番大事业。经过紧张的筹备他们三人合办了一家公司，专门从事电脑硬件的销售业务。第一年，他们购进电脑硬件 50 万元，购买办公设备 30 万元（当年折旧总额为 3 万元），日常办公费用 3 万元，房屋租金 10 万元，发放工资 30 万元。截至当年 12 月 31 日，该公司主营业务收入为 100 万元，已销商品成本为 40 万元。元旦那天，王华说今年公司开业大吉，建议办一个联欢会，邀请过去的同窗好友和合作伙伴参加。李明和张飞不同意，认为公司不但没赚到钱，反而亏了 23 万元，今年的聚会就不要办了。王华一听就知道问题出在哪里。

［要求］　同学们，你们能算出该公司当年的利润吗？张飞和李明的算法错在哪里，他们为什么会发生这样的错误呢？你能指导他们吗？

任务二　理解产品成本核算要求

［资料］　某企业 8 月份有关费用资料如下，生产耗用原材料 80 000 元，辅助材料 1 000 元，燃料 2 000 元，电费 5 000 元，生产工人工资 10 000 元，车间管理人员工资 5 000 元，车间办公费 500 元，生产用机器修理费 500 元，企业管理人员工资 40 000 元，电话费 1 000 元，支付购买原材料所借款项 10 万元的利息 5 000 元，支付购买车间用设备所借款项 50 万元的利息 30 000 元，固定资产报废清理损失 1 000 元。企业成本会计人员将此费用的分类内容列示如下：

生产经营管理费用	190 000 元
生产费用	15 000 元
产品成本	104 000 元
期间费用	55 000 元

［要求］　请用产品成本核算要求中“正确划分各种费用界限”的要求来评价该企业成本会计人员的费用分类项目的数额是否正确，并说明原因。

模块二　成本会计核算基础

⊙训练目标

1. 熟练运用各种方法解决各要素费用的分配问题；
2. 能正确编制各要素费用分配表；
3. 能根据有关费用分配表或其他有关资料编制会计分录；
4. 能根据有关资料开设并登记“基本生产成本明细账”和“制造费用”明细账。

关键概念

材料费用分配　人工费用分配　外购动力费用分配　折旧费用　辅助生产费用分配　制造费用分配　损失性费用　在产品　约当产量　完工产品　产品总成本　单位产品成本　产品成本计算单

✍强化练习

一、单项选择题

1. 企业为生产产品发生的原料及主要材料的耗费，应通过(　　)账户核算。
   A. 基本生产成本　　B. 辅助生产成本
   C. 管理费用　　D. 制造费用
2. 月末编制材料费用分配表时，对于退料凭证的数额，可采取(　　)。
   A. 冲减有关成本费用　　B. 在下月领料数中扣除
   C. 从当月领料数中扣除　　D. 不需考虑
3. 用来核算企业为生产产品和提供劳务而发生的各项间接费用的账户是(　　)。
   A. 基本生产成本　　B. 制造费用
   C. 管理费用　　D. 财务费用
4. “基本生产成本”月末借方余额表示(　　)。
   A. 本期发生的生产费用　　B. 完工产品成本
   C. 月末在产品成本　　D. 累计发生的生产费用
5. 下列各项中，属于直接生产费用的是(　　)。
   A. 生产车间厂房的折旧费　　B. 产品生产专用设备的折旧费
   C. 企业行政管理部门固定资产的折旧费　　D. 生产车间的办公费用
6. 基本生产车间本期应负担照明电费 1500 元，应记入(　　)账户。
   A. “基本生产成本”(燃料动力)　　B. “制造费用”(水电费)
   C. “辅助生产成本”(水电费)　　D. “管理费用”(水电费)

7. 核算每个职工的应得计件工资，主要依据(　　)的记录。
A. 工资卡片　　B. 考勤记录
C. 产量工时记录　　D. 工资单

8. 某职工 10 月份病假 3 日，事假 2 日，出勤 17 日，星期双休 9 日。若日工资率按 30 天计算，按出勤日数计算月工资，则该职工应得出勤工资按(　　)天计算。
A. 17　　B. 20
C. 23　　D. 26

9. 福利部门人员的工资费用和按福利部门人员工资计提的福利费应分别记入(　　)账户的借方和贷方。
A. "管理费用"和"应付职工薪酬"
B. "应付职工薪酬"和"管理费用"
C. 均计入"管理费用"
D. 均计入"应付职工薪酬"

10. 下列各项中，在工资总额内不应包括的项目是(　　)。
A. 计时工资　　B. 津贴和补贴
C. 技术改进奖　　D. 劳动竞赛奖

11. 下列各项中，在工资总额内应包括的项目是(　　)。
A. 创造发明奖　　B. 自然科学奖
C. 午餐补助　　D. 加班加点工资

12. 基本生产车间固定资产折旧费应列入(　　)。
A. "基本生产成本"账户　　B. "制造费用"账户
C. "管理费用"账户　　D. "生产成本"账户

13. 应在本月计算折旧费用的固定资产是(　　)。
A. 以经营租赁方式租入的房屋　　B. 本月内购进的机器设备
C. 未使用的设备　　D. 本月减少的设备

14. 企业车间因生产产品．提供劳务而发生的各项间接费用，包括工资、职工福利、折旧费等，属于(　　)成本项目。
A. 制造费用　　B. 直接材料
C. 直接人工　　D. 管理费用

15. 适用于季节性生产的企业分配制造费用的方法是(　　)。
A. 生产工时比例法　　B. 生产工人工资比例法
C. 机器工时比例法　　D. 按年度计划分配率分配法

16. 辅助生产费用的顺序分配法，基本要求是(　　)。
A. 受益多的分配在前，受益少的分配在后
B. 费用多的分配在前，费用少的分配在后
C. 费用少的分配在前，费用多的分配在后
D. 受益少的分配在前，受益多的分配在后

17. 辅助生产费用交互分配后的实际费用，再在(　　)。
A. 辅助生产车间以外的受益单位之间分配
B. 各受益单位之间分配

C. 各辅助生产单位之间分配

D. 受益的各基本生产车间进行分配

18. 辅助生产费用的各种分配法中，能分清内部经济责任有利于实际厂内经济核算的是(　　)。

A. 直接分配法　　B. 交互分配法

C. 顺序分配法　　D. 计划成本分配法

19. 各辅助生产费用分配法中，以(　　)的结果最精确。

A. 直接分配法　　B. 计划成本分配法

C. 交互分配法　　D. 代数分配法

20. 如果辅助生产车间规模不大，制造费用不多，为了简化核算工作，其制造费用可直接记入(　　)账户。

A. 制造费用　　B. 辅助生产成本

C. 基本生产成本　　D. 本年利润

21. 辅助生产费用分配采用计划成本分配法结算出的辅助生产成本差异，为简化核算一般可全部记入(　　)账户。

A. 辅助生产成本　　B. 制造费用

C. 基本生产成本　　D. 管理费用

22. 不可修复废品的成本，应借记“废品损失”账户，贷记(　　)账户。

A.“库存商品”　　B. 生产成本

C. 制造费用　　D. 原材料

23. 废品残料价值和应收赔偿款，应从“废品损失”账户(　　)转出。

A. 借方　　B. 贷方

C. 余额　　D. 视情况而定

24. 可修复废品在返修过程中所发生的修理用材料、工资、应负担的制造费用等扣除过失人赔偿后的净支出属于(　　)。

A. 净损失　　B. 报废损失

C. 废品　　D. 停工损失

25. 产成品入库后，由于保管不善等原因而损坏变质的损失，应作为(　　)处理。

A. 销售费用　　B. 管理费用

C. 制造费用　　D. 废品损失

26. 月末在产品可以按固定成本计算的条件是(　　)。

A. 原材料费用在产品成本中比重较大　　B. 各月末在产品数量很大

C. 各月末在产品数量变化很小　　D. 各月末在产品数量很小

27. 原材料在生产开始时一次投入，月末在产品的投料程度应按(　　)计算。

A. 100％　　B. 50％

C. 定额耗用量比例　　D. 定额工时的比例

28. 由于各道工序内部的在产品完工程度不同，有的已近完工，有的刚刚开始加工，为简化计算，对各工序内部的在产品在本工序的加工过程可按(　　)计算。

A. 50％　　B. 100％

C. 定额工时比例　　D. 消耗定额比例

29. 在产品成本按定额成本法计算，适用于(　　)。
A. 定额管理水平较高，定额资料完整、准确、稳定
B. 各月在产品数量变动不大
C. 各月在产品数量变动较大
D. 原材料费用在产品成本中所占比重较大
30. 计算月末在产品约当产量的依据是(　　)。
A. 月末在产品数量　　B. 本月完工产品数量
C. 月末在产品数量和完工程度　　D. 月末在产品定额成本和定额工时
31. 产品成本中原材料费用占有较大比重的企业，为了简化核算工作，在产品成本可按(　　)计算。
A. 原材料费用　　B. 定额成本
C. 约当产量　　D. 计划成本
32. 在编有完整定额资料的月末在产品数量比较稳定的企业里，在产品成本通常按(　　)计算。
A. 定额成本　　B. 定额比例
C. 生产工时比例　　D. 计划成本
33. 产品所耗原材料费用在生产开始时一次投料，其完工产品与月末在产品的原材料费用，应按完工产品和月份末在产品(　　)的比例分配计算。
A. 所耗原材料数量　　B. 约当产量
C. 数量之半　　D. 数量
34. 在完工产品和在产品之间分配费用，采用不计算在产品成本法适用于(　　)的产品。
A. 各月末在产品数量很少　　B. 各月末在产品数量较大
C. 没有在产品　　D. 各月末在产品数量变化小
35. 假设某企业某产品工时定额为 80 小时，经两道工序组成，每道工序的工时定额分别为 50 小时和 30 小时，则第二道工序的完工程度为(　　)。
A. 62.5％　B. 50％　C. 81.25％　D. 100％
36. 如果原材料随着加工进度陆续投入，则原材料费用应按(　　)比例分配。
A. 数量　　B. 定额工时
C. 约当产量　　D. 定额费用
37. 采用约当产量比例法，当各工序在产品数量和单位产品在各工序的加工量都相差不多的情况下，全部在产品完工程度可按(　　)平均计算。
A. 80％　B. 25％　C. 50％　D. 75％
38. 某产品在产品数量较小，或者数量虽大但各月之间在产品数量变化不大，月初、月末在产品成本的差额对完工产品成本的影响不大，为了简化核算工作，可采用(　　)。
A. 不计算在产品成本的方法　　B. 在产品按所耗原材料费用计算
C. 按年初数固定计算在产品成本　　D. 定额比例法
39. 某种产品月末在产品数量较大，各月末在产品数量变化也较大，产品成本中原材料费用和工资等其他费用所占比重相差不多，应采用(　　)。
A. 定额比例法　　B. 约当产量法
C. 固定成本计算　　D. 按在产品所耗原材料费用计算

40. 采用在产品按定额成本计价法，其生产费用脱离定额的差异应计入(　　)。

A. 管理费用　　B. 制造费用

C. 完工产品成本　　D. 月末在产品成本

二、多项选择题

1. 应记入产品成本的各种材料费用，按其用途进行分配，应记入的账户有(　　)。

A."管理费用"　　B."基本生产成本"

C."制造费用"　　D."财务费用"

2. 要素费用中的税金包括(　　)。

A. 房产税　　B. 增值税

C. 印花税　　D. 所得税

3. 下列支出在发生时直接确认为当期费用的是(　　)。

A. 行政人员工资　　B. 支付的本期广告费

C. 预借差旅费　　D. 固定资产折旧费

4."财务费用"账户核算的内容包括(　　)。

A. 财会人员工资　　B. 利息支出

C. 汇兑损益　　D. 财务人员业务培训费

5. 计提固定资产折旧，应借记的账户可能是(　　)。

A."基本生产成本"　　B."辅助生产成本"

C."制造费用"　　D."固定资产"

6. 用于几种产品生产的共同耗用材料费用的分配，常用的分配标准有(　　)。

A. 工时定额　　B. 生产工人工资

C. 材料定额费用　　D. 材料定额消耗量

7. 根据有关规定，下列不属于工资总额内容的是(　　)。

A. 退休工资　　B. 差旅费

C. 福利人员工资　　D. 长病假人员工资

8. 职工的计件工资，可能记入(　　)账户借方。

A."基本生产成本"　　B."辅助生产成本"

C."制造费用"　　D."管理费用"

9. 下列固定资产中，其折旧额应作为产品成本构成内容的是(　　)。

A. 生产车间房屋　　B. 企业管理部门房屋

C. 生产用设备　　D. 专设销售机构用卡车

10. 辅助生产车间不设"制造费用"科目核算是因为(　　)。

A. 辅助生产车间规模小，发生制造费用较少

B. 辅助生产车间不生产产品

C. 为了简化核算工作

D. 没有必要

11. 计算不可修复废品的净损失，应考虑的因素有(　　)。

A. 不可修复废品的成本　　B. 不可修复废品的修复费用

C. 回收废料价值　　D. 过失人赔偿款

12. 成本核算中的损失性费用是指产品生产过程中所发生的各种损失费用，它包括(　　)。

A. 停工损失　　B. 坏账损失
C. 废品损失　　D. 在产品盘亏损失

13. 下列属于应计入产品成本的废品损失的有(　　)。
A. 加工原因造成的废品损失　　B. 原材料原因造成的废品损失
C. 入库后保管不当造成的废品损失　　D. 降价出售的损失

14. 可修复废品必须具备的条件有(　　)。
A. 在技术上可以修复　　B. 在经济上核算
C. 不管修复费用多少　　D. 只要修复后可以使用

15. 可修复废品的修复费用应包括(　　)。
A. 修复废品的材料费用　　B. 修复废品的工资费用
C. 修复废品的动力费用　　D. 修复废品的销售费用

16. 发生下列费用时,可以直接借记“基本生产成本”的是(　　)。
A. 车间照明用电费　　B. 构成产品实体的原材料费用
C. 车间管理人员薪酬　　D. 车间生产人员薪酬
E. 车间办公费

17. 广义在产品包括(　　)。
A. 正在各个车间加工中的在制品
B. 已经完成一个或几个生产步骤,但还需继续加工的自制半成品
C. 外部购入的半成品
D. 已完工但尚未验收入库的产成品
E. 等待返修的废品

18. 采用在产品不计算成本法,分配完工产品和月末在产品费用,应具备的条件是(　　)。
A. 各月末在产品数量变化比较大
B. 各月末在产品数量比较小
C. 各月末在产品数量比较稳定
D. 各月末在产品数量为零
E. 原材料费用在产品成本中比重较大

19. 采用约当产量法计算月末在产品成本,在产品的约当产量应按(　　)计算。
A. 投料程度　　B. 完工程度　　C. 预计废品率　　D. 完工入库程度

20. 下列属于完工产品与在产品之间分配生产费用的方法有(　　)。
A. 约当产量比例法　　B. 定额比例法　　C. 交互分配法
D. 顺序分配法　　E. 代数分配法

21. 采用在产品按定额成本计价法,分配完工产品和月末在产品费用,应具备的条件是(　　)。
A. 定额管理费用的基础较好　　B. 各项消耗定额比较稳定、准确
C. 各项费用定额比较稳定、准确　　D. 各月末在产品数量变化不大
E. 各月末在产品数量较大

22. 计算本月完工产品成本时,要依据的成本资料主要有(　　)。
A. 月初在产品成本　　B. 本月发生生产费用
C. 月末在产品成本　　D. 上月完工产品成本

23. 材料投入形式主要有(　　)。

A. 材料在生产开始时一次投入　B. 材料在生产过程中陆续投入

C. 材料在生产过程中分阶段批量投入　D. 材料在供应过程中分别投入

24. 下列公式中,表述正确的是(　　)。

A. 月初在产品费用+本月生产费用=本月完工产品成本+月末在产品成本

B. 月初在产品费用+本月生产费用-本月完工产品成本=月末在产品成本

C. 月初在产品费用+本月生产费用-月末在产品成本=本月完工产品成本

D. 以上都正确

25. 完工产品与在产品之间分配费用的约当产量比例法可以用来分配(　　)。

A. 直接材料费用　B. 直接人工费用　C. 制造费用

D. 管理费用　E. 销售费用

三、判断题

1. 一个要素费用按经济用途可能记入几个成本项目,一个成本项目可以归集同一经济用途的几个要素费用。(　　)

2. 凡是生产车间领用材料,均应直接计入产品生产成本。(　　)

3. 基本生产车间发生的各种费用均应直接记入"基本生产成本"账户。(　　)

4. 企业固定资产折旧费应全部计入产品成本。(　　)

5. 不设"燃料和动力"成本项目的企业,其生产消耗的燃料可计入"直接材料"成本项目。(　　)

6. 凡是发放给企业职工的货币,均作为工资总额的组成部分。(　　)

7. 计件工资只能按职工完成的合格品数量乘以计件单价计算发放。(　　)

8. 职工福利费应按实发工资的一定比例计算提取。(　　)

9. 生产工人工资和福利费是产品成本项目。(　　)

10. 直接生产费用既可能是直接计入费用,也可能是间接计入费用。(　　)

11. 为了尽可能地符合实际情况,厂内价格应该在年度内经常变动。(　　)

12. "基本生产成本"科目应该按成本计算对象设置明细分类账,账内按成本项目分设专栏或专行。(　　)

13. 企业生产经营的原始记录,是进行成本预测、编制成本计划、进行成本核算的依据。(　　)

14. 生产设备的折旧费用计入制造费用,因此它属于间接生产费用。(　　)

15. 产品成本项目就是计入产品成本的费用按经济内容分类核算的项目。(　　)

16. 企业的低值易耗品,由于与固定资产一样可以多次参加周转而不改变其原有实物形态,所以,应对其价值损耗以摊销的方式摊入成本。(　　)

17. 凡是包括在工资总额中的各种工资、奖金、津贴等,不论是否在当月支付,都应通过"应付职工薪酬"账户核算。(　　)

18. 需要分配计入产品成本的直接材料费用,一般应选用机器加工工时为标准进行分配。(　　)

19. 企业发生的折旧费用应全部计入产品成本。(　　)

20. 采用计划分配率法分配制造费用,实际与计划分配额的差异,年终可调整记入"管理费用"账户。(　　)

21. 季节性生产企业的“制造费用”账户，期末没有余额。 （ ）

22. 辅助生产车间发生的制造费用，一般情况下，可以直接记入辅助生产车间的生产成本账户。 （ ）

23. 按计划成本分配法分配辅助生产费用时，其成本差异可记入“管理费用”账户。 （ ）

24. 采用直接分配法分配辅助生产费用，既简单，又比较准确。 （ ）

25. 辅助生产费用按代数分配法分配，其分配结果最为准确。 （ ）

26. 不单独核算废品损失的企业的可修复废品的损失，应直接计入相关的成本项目。 （ ）

27. 企业无论在什么环节发现的废品，都应并入废品损失内核算。 （ ）

28.“废品损失”账户期末一般没有余额。 （ ）

29. 为了反映完工产品成本构成情况，分配生产费用时，应按成本项目分别计算。 （ ）

30. 将在产品按其完工程度折合为完工产品的产量称为约当产量。 （ ）

31. 广义的在产品，包括狭义的在产品和已经完成一个或多个生产步骤，但尚未最终完工需要继续加工的自制半成品。 （ ）

32. 当月末既有完工产品，又有未完工产品，就必须将归集的生产费用任意选择一种方法在完工产品和月末在产品之间进行分配。 （ ）

33. 某工序在产品的完工率为该工序止累计的工时定额与完工产品工时定额的比率。 （ ）

34. 原材料在生产过程中分次投入时，应当根据该工序在产品累计已投入的材料费用占完工产品应投入的材料费用的比重来计算在产品的投料程度。 （ ）

35. 在产品只计算材料成本时，本月完工产品成本总是小于本月发生的生产费用。 （ ）

36. 在产品约当产量是指期末在产品折合为完工产品的数量。 （ ）

37. 采用约当产量法时，当各道工序的在产品数量和在产品加工量比较均衡时，全部在产品的平均完工程度可按50%计算。 （ ）

38. 在月末计算产品成本时，如果某种产品已经全部完工，或者该产品全部没有完工，那么其产品成本明细账中归集的生产费用之和就不必在完工产品与月末在产品之间进行生产费用的分配。 （ ）

39. 人为提高月末在产品成本，会使当月完工产品成本虚增。 （ ）

40. 在产品按所耗原材料费用计价时，产品的加工费用全部计入管理费用。 （ ）

仿真训练

任务一 材料费用的归集和分配

［资料］ 海东企业 20×2 年 7 月生产的甲、乙两种产品共同耗用 A、B 两种原材料，耗用量无法按产品直接划分。具体资料如下：

(1)甲产品投产 400 件，原材料消耗定额为 A 材料 8 千克，B 材料 3 千克。

(2)乙产品投产 200 件，原材料消耗定额为 A 材料 5 千克，B 材料 4 千克。

(3)甲、乙两种产品实际消耗总量为：A 材料 4 116 千克，B 材料 2 060 千克。

(4)材料实际单价为：A 材料 8 元/千克，B 材料 6 元/千克。

［要求］ 根据定额消耗量的比例，分配甲、乙两种产品原材料费用。填入表 2-1。

表 2-1 原材料费用分配表

单位：元

原 材 料		A 材料	B 材料	原材料实际成本
甲产品 投产（ ）件	消耗定额（千克）			
	定额消耗量（千克）			
乙产品 投产（ ）件	消耗定额（千克）			
	定额消耗量（千克）			
定额消耗总量				
实际消耗总量				
消耗量分配率				
实际消耗量的分配	甲产品			
	乙产品			
原材料实际单位成本				
原材料费用（元）	甲产品			
	乙产品			
	合计			

任务二 人工费用的归集和分配

［资料］ 海东企业有两个基本生产车间。第一生产车间生产 A 产品和 B 产品，第二生产车间生产 C 产品。

人工费用的资料：

(1)该企业 20×2 年 7 月各车间、部门的工资汇总表见表 2-2。

(2)第一生产车间生产工人的工资及福利费，按 A、B 两种产品的生产工时进行分配，A 产品生产工时为 28 000 小时，B 产品的生产工时为 30 000 小时，第二生产车间只生产一种 C 产品，所以其生产工人工资及福利费全部计入C产品的成本(该厂提取的职工福利费按工资额的14%计提)。

表2-2 工资费用汇总表

单位:元

车间、部门	各类人员	工资
第一生产车间	生产工人	12 400
	管理人员	900
第二生产车间	生产工人	5 800
	管理人员	700
供电车间	车间人员	1 400
机修车间	车间人员	2 600
企业管理部门	管理人员	4 500
合　计		28 300

[要求]

(1)根据资料编制"工资及福利费用分配表"(填入表2-3)。

(2)根据以上各分配汇总表编制会计分录。

表2-3 工资及福利费用分配汇总表

年　月

应借账户		实用工时	工资		提取的福利费		合计
			分配率	应分配费用	分配率	应分配费用	
基本生产成本	A产品						
	B产品						
	小　计						
	C产品						
小　计							
制造费用	第一车间						
	第二车间						
小　计							
辅助生产车间	供电车间						
	机修车间						
小　计							
管理费用							
合　计							

任务三　外购动力费用的归集和分配

[资料]　某工厂20×2年发生下列有关的经济业务：

(1)7月31日，根据计量仪表记录本月份共耗用外购动力47 000度。其中，基本生产车间生产A、B两种产品，动力用电40 000度，照明用电1 000度，修理车间用电2 000度，运输车间用电600度，销售部门用电800度，行政管理部门用电2 600度，每度0.20元。对直接用于产品的外购动力采用生产工时比例标准进行分配。据统计，A产品耗用22 000工时，B产品耗用10 000工时。

(2)8月2日，收到电力公司账单，列明上月耗用电力47 000度，每度0.40元，计价款18 800元，签发支票付讫。

[要求]

(1)编制“外购动力费用分配表”(填入表2-4)。

(2)编制会计分录。

表2-4　外购动力费用分配表

20×2年7月　　单位：元

应借账户		成本(费用)项目	直接计入	分配计入			合计
				生产工时	分配率	分配金额	
基本生产	A产品	直接材料					
	B产品	直接材料					
	小计						
辅助生产	修理车间	电费					
	运输车间	电费					
	小计						
制造费用		电费					
管理费用		电费					
营业费用		电费					
合计							

任务四　折旧费用的归集和分配

[资料]　某公司20×2年12月的固定资产折旧费用有关资料及各有关部门分配的折旧费用见表2-5所示。

表 2-5 固定资产折旧费用分配表

20×2 年 12 月　　　　金额单位:元

应借科目	使用部门	上月折旧额	本月折旧增加额	本月折旧减少额
制造费用	基本生产车间	3 320	780	120
辅助生产成本	供水车间	1 250	200	100
	供电车间	2 500	1 000	500
管理费用	管理部门	1 200	200	110
合计		8 270	2 180	830

[要求] 计算本月应计提的折旧额,并编制会计分录。

任务五 辅助生产费用的归集和分配

子任务一 辅助生产费用的归集和分配(直接分配法)

[资料] 某企业设有供电和锅炉两个辅助生产车间,20×2 年 7 月供电车间共发生电费 88 000元,锅炉车间共发生费用 30 000 元。本月供电车间供电 220 000 度,其中锅炉车间用电 20 000度,基本生产车间生产产品用电 140 000 度,基本生产车间照明用电 44 000 度,企业管理部门用电 16 000 度;本月锅炉车间共提供蒸汽 5 000 吨,其中供电车间耗用 1 000 吨,基本生产车间生产产品耗用 2 800 吨,基本生产车间一般耗用 600 吨,企业管理部门耗用 600 吨。假设供电车间的单位成本为 0.44 元/度,锅炉车间的单位成本为 7.8 元/吨。该企业辅助生产的制造费用不通过"制造费用"科目核算。

[要求] 采用直接分配法分配辅助生产费用(见表 2-6),并编制相应的会计分录。

表 2-6 辅助生产费用分配表(直接分配法)

20×2 年 7 月

项目			供电车间	锅炉车间	合计
待分配费用					
对外提供劳务数量					
分配率					
基本车间	基本生产	耗用数量			
		分配金额			
	一般耗费	耗用数量			
		分配金额			
管理部门		耗用数量			
		分配金额			
合计					

子任务二　辅助生产费用的归集和分配(交互分配法)

[资料]　参照子任务一的资料。

[要求]　采用交互分配法分配辅助生产费用(见表 2-7),并编制相应的会计分录。

表 2-7　辅助生产费用分配表(交互分配法)

20×2 年 7 月

项目			交互分配			对外分配		
辅助生产车间名称								
待分配费用								
提供劳务数量								
分配率								
辅助车间	供电车间	耗用数量						
		分配金额						
	锅炉车间	耗用数量						
		分配金额						
基本车间	基本生产	耗用数量						
		分配金额						
	一般耗费	耗用数量						
		分配金额						
管理部门		耗用数量						
		分配金额						
合计								

子任务三　辅助生产费用的归集和分配(计划成本分配法)

[资料]　参照子任务一的资料。

[要求]　采用计划成本分配法分配辅助生产费用(见表 2-8),并编制相应的会计分录。

表 2-8　辅助生产费用分配表(计划成本分配法)

20×2 年 7 月

项目	供电车间	锅炉车间
待分配费用		
提供劳务数量		
计划分配率		

（续表）

<table>
<tr><td colspan="3">项目</td><td>供电车间</td><td>锅炉车间</td></tr>
<tr><td rowspan="4">辅助车间</td><td rowspan="2">供电车间</td><td>耗用数量</td><td></td><td></td></tr>
<tr><td>分配金额</td><td></td><td></td></tr>
<tr><td rowspan="2">锅炉车间</td><td>耗用数量</td><td></td><td></td></tr>
<tr><td>分配金额</td><td></td><td></td></tr>
<tr><td rowspan="4">基本车间</td><td rowspan="2">基本生产</td><td>耗用数量</td><td></td><td></td></tr>
<tr><td>分配金额</td><td></td><td></td></tr>
<tr><td rowspan="2">一般耗费</td><td>耗用数量</td><td></td><td></td></tr>
<tr><td>分配金额</td><td></td><td></td></tr>
<tr><td colspan="2" rowspan="2">管理部门</td><td>耗用数量</td><td></td><td></td></tr>
<tr><td>分配金额</td><td></td><td></td></tr>
<tr><td colspan="3">按计划成本分配合计</td><td></td><td></td></tr>
<tr><td colspan="3">辅助生产实际成本</td><td></td><td></td></tr>
<tr><td colspan="3">辅助生产成本差异</td><td></td><td></td></tr>
</table>

子任务四　辅助生产费用的归集和分配(顺序分配法)

[资料]　参照子任务一的资料。

[要求]　采用顺序分配法分配辅助生产费用(见表 2－9),并编制相应的会计分录。

表 2－9　辅助生产费用分配表(顺序分配法)

20×2 年 7 月

<table>
<tr><td colspan="3">项目</td><td>供电车间</td><td>锅炉车间</td></tr>
<tr><td colspan="3">待分配费用</td><td></td><td></td></tr>
<tr><td colspan="3">提供劳务数量</td><td></td><td></td></tr>
<tr><td colspan="3">分配率</td><td></td><td></td></tr>
<tr><td rowspan="4">辅助车间</td><td rowspan="2">供电车间</td><td>耗用数量</td><td></td><td></td></tr>
<tr><td>分配金额</td><td></td><td></td></tr>
<tr><td rowspan="2">锅炉车间</td><td>耗用数量</td><td></td><td></td></tr>
<tr><td>分配金额</td><td></td><td></td></tr>
<tr><td rowspan="4">基本车间</td><td rowspan="2">基本生产</td><td>耗用数量</td><td></td><td></td></tr>
<tr><td>分配金额</td><td></td><td></td></tr>
<tr><td rowspan="2">一般耗费</td><td>耗用数量</td><td></td><td></td></tr>
<tr><td>分配金额</td><td></td><td></td></tr>
</table>

（续表）

项目		供电车间	锅炉车间
管理部门	耗用数量		
	分配金额		
合计			

子任务五　辅助生产费用的归集和分配(代数分配法)

［资料］ 参照子任务一的资料。

［要求］ 采用代数分配法分配辅助生产费用(见表 2－10),并编制相应的会计分录。

表 2－10　辅助生产费用分配表(代数分配法)

20×2 年 7 月

项目			供电车间	锅炉车间
提供劳务数量				
分配率				
辅助车间	供电车间	耗用数量		
		分配金额		
	锅炉车间	耗用数量		
		分配金额		
基本车间	基本生产	耗用数量		
		分配金额		
	一般耗费	耗用数量		
		分配金额		
管理部门		耗用数量		
		分配金额		
合计				

任务六　制造费用的归集和分配

［资料］ 某企业基本生产车间生产甲、乙两种产品。20×2 年 12 月份已归集在“制造费用”账户借方的制造费用合计为 49 860 元。甲产品生产工时为 960 小时,乙产品生产工时为 480 小时,要求按照生产工时比例法分配制造费用。(为简化计算,本题中只考虑完工产品的生产工时)

［要求］ 分配制造费用(见表 2－11),编制会计分录。

表 2-11 制造费用分配表

20×2 年 12 月

产品名称	分配标准生产工时(小时)	分配率(元/小时)	分配金额(元)
甲产品			
乙产品			
合　计			

任务七 损失性费用的核算

[资料] 某企业本月可修复废品的修复费用为：

(1)原材料 1 500 元；

(2)应付生产工人工资 600 元；

(3)提取的生产工人职工福利费 84 元；

(4)制造费用 1 200 元。

该企业不可修复废品定额成本计价，本月不可修复废品 5 件，单件原材料费用定额 120 元；5 件废品的定额工时共为 100 小时，每小时费用定额为：工资及福利费 4 元，制造费用 8 元。

全部废品残料作为辅助材料入库，按计划成本计价 240 元。应由过失人员赔款 450 元。

废品净损失计入当月产品成本。

[要求] 设置"废品损失"科目，编制有关废品损失的归集和分配的会计记录。

任务八 在产品数量的核算

[资料] 某产品经过两道工序完工，完工产品工时定额 40 小时，每道工序在产品工时定额按本工序工时定额的 50%计算。有关资料如下

工序	工时定额	在产品数量
1	30	2 000
2	10	1 000

[要求]

(1)计算 1、2 道工序的在产品完工率；

(2)确定各道工序在产品的约当产量。

表 2-12 在产品约当产量计算表

项目 工序	完工率	在产品数量	约当产量
1			
2			

任务九　生产费用在完工产品和在产品之间的分配

子任务一　生产费用在完工产品和在产品之间的分配(约当产量法)

［资料］　某企业20×2年7月生产A产品单位工时定额为80小时,需经过三道工序连续加工完成。第一道工序工时定额为40小时,第二道工序工时定额为20小时,第三道工序工时定额为20小时。各道工序内各件在产品加工程度均按50%计算。月末,三道工序的在产品数量分别为200件、120件、100件,当月完工产品400件。假设A产品月初在产品成本23 700元,其中直接材料12 000元,直接人工7 200元,制造费用4 500元;本月共发生生产费用37 700元,其中直接材料24 900元,直接人工7 500元,制造费用5 300元。原材料于生产开始时一次性投入。

［要求］

(1)按照约当产量比例分配方法计算在产品的产量、费用分配率(见表2-13)。

表2-13　在产品数量约当产量计算表

20×2年7月

工序	在产数量/件	材料消耗定额/公斤	工时定额/小时	材料约当产量		加工费约当产量	
				投料率	约当产量(件)	完工率	约当产量(件)
1							
2							
3							
合计							

(2)根据计算分析结果复核并填制产品成本计算单,同时编制产成品成本汇总表(见表2-14)。

表2-14　产成品成本汇总表

公司名称:　　　　20×2年7月　　　　单位:元

应借科目	产成品名　称	产量	成　本	直接材料	直接人工	制造费用	成本合计
			总成本				
			单位成本				

财务主管:　　　　复核:　　　　制表人:

(3)编制记账凭证。

(4)登记有关成本费用明细账(基本生产成本明细账、库存商品明细账)。

表 2 - 15 产品成本计算单

产品名称： 20×2 年 7 月 单位:元

项 目	直接材料	直接人工	制造费用	合 计
月初在产品费用				
本月投入生产费用				
本月生产费用合计				
月末在产品约当产量				
完工产品				
约当产量合计				
费用分配率				
完工产品成本				
月末在产品成本				

财务主管： 复核： 制表人：

子任务二 生产费用在完工产品和在产品之间分配(定额比例法)

［资料］ 某企业本月生产 C 产品成本资料如表 2 - 16 所示：

表 2 - 16 C 产品成本资料表

单位:元

项 目	直接材料	直接人工	制造费用	合 计
月初在产品成本	4 608	1 440	720	6 768
本月发生费用	37 192	17 250	7 290	61 732
生产费用合计	41 800	18 690	8 010	68 500

本月共生产完工 C 产品 800 件，月末在产品结存 150 件，单位产品直接材料定额成本 40 元，单位产品工时消耗定额 5 小时。月末在产品投料率 80%，完工程度为 60%。

［要求］

(1)采用定额比例法分配计算完工产品成本和月末在产品成本；

(2)编制产成品成本汇总表。

表 2 - 17 产品成本计算单

产品名称： 20×2 年 7 月 单位:元

项 目	直接材料	直接人工	制造费用	合 计
月初在产品费用				
本月投入生产费用				

（续表）

项　目		直接材料	直接人工	制造费用	合　计
本月生产费用合计					
定额材料费用	完工产品				
	月末在产品				
定额工时	完工产品				
	月末在产品				
费用分配率					
完工产品成本					
月末在产品成本					

财务主管：　　　　　　　　　　复核：　　　　　　　　　　制表人：

任务十　成本、费用归集和分配的综合实训

［资料］　文华制笔工业有限公司是生产笔类文具产品的小型工业企业。该企业主要生产圆珠笔和中性笔两种产品。公司设有一个基本生产车间，另设有维修车间和恒温供暖车间两个辅助生产车间，为生产提供劳务，辅助生产车间之间相互提供的劳务进行交互式分配。原材料均为生产开始时一次性投入。

(1)本月产量资料

表 2-18　产量资料

20×2 年 12 月　　　　　　　　　　单位：盒

产品名称	月初在产品	本月投入数量	本月完工产品	月末在产品数量
圆珠笔	56	1 400	1 380	76
中性笔	32	2 000	2 011	21

该厂产品圆珠笔、中性笔的单只成本较小，产品以 100 支封盒后外销，为了简化核算同时提高产品成本核算精度，我们将以盒(100 支)作为产品基本单位来核算。

(2)月初在产品成本

表 2-19　月初在产品成本

20×2 年 12 月　　　　　　　　　　单位：元

产品名称	直接材料	直接人工	制造费用	合计
圆珠笔	1 120	547	1 136	2 803
中性笔	1 600	440	920	2 960

(3)本月发生生产费用

表 2-20 原材料领用汇总表

领料部门:基本生产车间　　　　20×2 年 12 月 31 日

	规格	单位	数量		成本(元)	
			请领	实发	单价	金额
圆珠笔管		百支	1 400	1 400		3 000
中性笔管		百支	2 000	2 000		5 000
圆珠笔头		百支	1 400	1 400		4 300
中性笔头		百支	2 000	2 000		20 000
圆珠笔填充墨		百支	1 400	1 400		6 000
中性笔填充墨		百支	2 000	2 000		23 000
防溢出保护油		千克	270	270	10	2700

金额合计:64 000 元。

圆珠笔的防溢出保护油定额耗用量为:80 千克。

中性笔的防溢出保护油定额耗用量为:220 千克。

表 2-21 工资费用表

20×2 年 12 月

员工类别	应付工资	应付福利费	合计
产品生产工人	18 000	2 520	20 520
维修车间	3 000	420	3 420
恒温供暖车间	2 000	280	2 280
基本生产车间一般耗用	2 000	280	2 280
合计	25 000	3 500	28 500

中性笔的累计生产工时为 4 000 小时,圆珠笔的累计生产工时为 2 000 小时。

表 2-22 文华公司折旧费用表

20×2 年 12 月　　　　单位:元

车间名称	折旧金额
基本生产车间	16 000
维修车间	4 000
恒温供暖车间	3000
合计	23 000

表 2-23　文华公司外购动力费用表

20×2 年 12 月　　单位:元

车间名称	电费发生额	水费	燃煤	合计
基本生产车间	2 500	100		2 600
维修车间	500			500
恒温供暖车间	1 000	1 500	1 000	3 500
合计	4 000	1 600	1 000	6 600

表 2-24　文华公司其他费用表

20×2 年 12 月　　单位:元

车间名称	机物料消耗	低值易耗品摊销	办公费	保险费	合计
基本生产车间	600	1 200	600	1 000	3 400
维修车间	200	500	200	300	1200
恒温供暖车间	200	400	100	500	1 200
合计	1 000	2 100	900	1 800	5 800

(4)辅助生产车间当月劳务量汇总表

表 2-25　辅助生产车间当月劳务量汇总表

受益对象	修理(小时)	供暖空间(平方米)
维修车间		200
恒温供暖车间	50	
基本生产车间	870	4 600
合计	920	4 800

(5)主要的费用分配方法

①产品的共同材料费用按定额耗用量进行分配。

②生产工人的工资按两种产品的累计生产工时进行分配。

③制造费用按照产品的累计生产工时进行分配。

④产品成本在完工产品与在产品之间的分配方法采用在产品按完工产品计算法。

[要求]

按上述资料完成成本各要素的费用分配表,填制辅助生产成本明细账、制造费用明细账和完工产品成本计算单。写出计算过程,并编制会计分录。

表 2－26 文华公司材料费用分配表

20×2 年 12 月 单位:元

<table>
<tr><td colspan="2" rowspan="2">材料</td><td colspan="2">基本生产成本</td><td rowspan="2">合计</td></tr>
<tr><td>圆珠笔</td><td>中性笔</td></tr>
<tr><td colspan="2">圆珠笔管</td><td></td><td></td><td></td></tr>
<tr><td colspan="2">中性笔管</td><td></td><td></td><td></td></tr>
<tr><td colspan="2">圆珠笔头</td><td></td><td></td><td></td></tr>
<tr><td colspan="2">中性笔头</td><td></td><td></td><td></td></tr>
<tr><td colspan="2">圆珠笔填充墨</td><td></td><td></td><td></td></tr>
<tr><td colspan="2">中性笔填充墨</td><td></td><td></td><td></td></tr>
<tr><td rowspan="3">防溢
出保
护油</td><td>耗用量</td><td></td><td></td><td></td></tr>
<tr><td>分配率</td><td></td><td></td><td></td></tr>
<tr><td>分配额</td><td></td><td></td><td></td></tr>
<tr><td colspan="2">合计</td><td></td><td></td><td></td></tr>
</table>

表 2－27 文华公司工资费用分配表

20×2 年 12 月 单位:元

<table>
<tr><td>借方科目</td><td>明细科目</td><td>累计生产工时</td><td>分配率</td><td>应分配工资</td><td>应分配福利费</td><td>合计</td></tr>
<tr><td rowspan="3">基本
生产
成本</td><td>圆珠笔</td><td></td><td></td><td></td><td></td><td></td></tr>
<tr><td>中性笔</td><td></td><td></td><td></td><td></td><td></td></tr>
<tr><td>小计</td><td></td><td></td><td></td><td></td><td></td></tr>
<tr><td rowspan="3">辅助
生产
成本</td><td>维修车间</td><td></td><td></td><td></td><td></td><td></td></tr>
<tr><td>恒温供暖车间</td><td></td><td></td><td></td><td></td><td></td></tr>
<tr><td>小计</td><td></td><td></td><td></td><td></td><td></td></tr>
<tr><td>制造费用</td><td>基本生产车间</td><td></td><td></td><td></td><td></td><td></td></tr>
<tr><td colspan="2">合计</td><td></td><td></td><td></td><td></td><td></td></tr>
</table>

表 2－28 折旧、其他费用汇总分配表

20×2 年 12 月 单位:元

借方科目	明细科目	折旧费	电费	水费	燃煤	机物料	低值易耗品	办公费	保险费	合计
制造费用	基本生产车间									
辅助生产成本	维修车间									

（续表）

借方科目	明细科目	折旧费	电费	水费	燃煤	机物料	低值易耗品	办公费	保险费	合计
辅助生产成本	恒温供暖车间									
合计										

表 2－29　辅助生产部门明细账

车间名称：维修车间　　单位：元

摘要	工资及福利费	折旧	外购动力	其他	合计	累计金额	转出
工资及福利费							
折旧外购表							
辅助生产费用分配表							
辅助生产费用分配表							（　）

表 2－30　辅助生产部门明细账

车间名称：恒温供暖车间　　单位：元

摘要	工资及福利费	折旧	外购动力	其他	合计	累计金额	转出
工资及福利费							
折旧外购表							
辅助生产费用分配表							
辅助生产费用分配表							（　）

表 2－31　辅助生产费用分配表

20×2 年 12 月　　单位：元

项目				交互分配			对外分配		
辅助生产车间名称				维修	供暖	合计	维修	供暖	合计
待分配费用									
劳务供应数量总额									
费用分配率									
应借账户	维修生产成本	维修车间	供暖面积						
			金额						
		供暖车间	维修时间						
			金额						
		金额小计							
	制造费用	基本生产车间	劳务量						
			金额						

表 2-32 制造费用明细账

车间名称:基本生产车间　　　　　　　　　　　　　　　　单位:元

年		摘要	折旧	机物料	低值易耗品	办公费	保险费	工资	辅助生产成本	合计
月	日									

表 2-33 制造费用分配表

20×2 年 12 月　　　　　　　　　　　　　　　　单位:元

分配对象	累计生产工时	分配率	应分配金额
合计			

表 2-34 基本生产成本明细账

产品名称:　　　　　　　　完工产品数量:

金额单位:　　　　　　　　月末在产品数量:

20×2 年		摘要	成本项目			合计
月	日		直接材料	直接人工	制造费用	

表 2-35　基本生产成本明细账

产品名称：　　　　　　　　　　完工产品数量：

金额单位：　　　　　　　　　　月末在产品数量：

20×2 年		摘要	成本项目			合计
月	日		直接材料	直接人工	制造费用	

表 2-36　完工产品成本汇总表

20×2 年 12 月　　　　　　　　　　单位：元

成本项目	圆珠笔			中性笔			合计
	总成本	单位成本	单支成本	总成本	单位成本	单支成本	
直接材料							
直接人工							
制造费用							
合计							

模块三　产品成本计算方法

⊙训练目标

1. 能根据企业的实际情况，灵活选用各种产品成本核算的基本方法和辅助方法；
2. 能利用提供的产品成本资料，计算出完工产品的总成本和单位成本；
3. 能进行会计处理，登记有关明细账；
4. 能进行商品流通企业、旅游餐饮企业、物流企业和房地产企业的成本计算。

关键概念

生产的基本类型　单步骤生产　多步骤生产　企业生产组织方式　单件生产　成批生产　大量生产　成本计算对象　成本计算期　成本计算的基本方法　品种法　分批法　简化的分批法　分步法　成本还原　成本计算的辅助方法　分类法　定额法

强化练习

一、单项选择题

1. 工业企业的生产按照生产组织特点划分的类别包括(　　)。
   A. 单步骤生产　　B. 多步骤生产
   C. 装配式生产　　D. 大量生产
2. 生产特点和管理要求对成本计算方法的影响主要表现在(　　)。
   A. 生产组织的特点　　B. 工艺过程的特点
   C. 产品成本计算对象的确定　　D. 生产管理的要求
3. 区别各种产品成本计算方法的标志是(　　)。
   A. 制造费用的分配方法
   B. 成本计算期
   C. 完工产品与在产品之间的费用分配方法
   D. 产品成本计算对象
4. 下列方法中属于成本计算辅助方法的是(　　)。
   A. 品种法　　B. 分类法
   C. 分步法　　D. 分批法
5. (　　)是一种简便的成本计算方法。
   A. 分批法　　B. 品种法
   C. 定额法　　D. 分类法

6. 为加强生产费用和产品成本定额管理的产品成本计算方法是(　　)。
A. 分类法　　B. 定额法
C. 分步法　　D. 品种法
7. 分批法适用的生产组织是(　　)。
A. 小批单件生产　　B. 大量大批生产
C. 大量小批生产　　D. 小量大批生产
8. 下列说法正确的是(　　)。
A. 只有大量大批的单步骤生产，才能采用品种法
B. 大量大批的多步骤生产也有可能采用品种法
C. 单件生产一般采用品种法
D. 大批生产一定采用品种法
9. 在大批量生产的企业里，要求连续不断地重复生产一种或若干种产品，因而管理上只要求而且也只能按照(　　)。
A. 产品的批别计算成本　　B. 产品的品种计算成本
C. 产品的类别计算成本　　D. 产品的步骤计算成本
10. 在单步骤生产的企业里，由于工艺过程不可能或不需要分为几个步骤，因而要求(　　)。
A. 按产品的批别计算产品成本
B. 按产品的品种计算产品成本
C. 按产品经过的生产步骤计算成本
D. 按产品的类别计算产品成本
11. 按产品品种开设基本生产成本明细账，按(　　)设置专栏。
A. 直接费用　B. 成本项目　C. 期间费用　D. 变动费用
12. 实际工作中的产品成本是指(　　)。
A. 制造成本　B. 管理费用　C. 销售费用　D. 财务费用
13. 产品成本计算的品种法是一种(　　)成本计算方法。
A. 最简单的　B. 最特殊的　C. 最复杂的　D. 最基本的
14. 在大量大批多步骤生产的情况下，如果管理上不要求分步计算产品成本，应采用的成本计算方法是(　　)。
A. 品种法　B. 分步法　C. 分批法　D. 分类法
15. 单步骤生产的企业或车间，采用品种法计算产品成本时，产品基本生产成本明细账应当按照(　　)设置。
A. 产品品种　B. 生产部门　C. 产品批别　D. 生产步骤
16. 多步骤生产的企业或车间，采用品种法计算产品成本时，产品基本生产成本明细账应当按照(　　)设置。
A. 产品品种　B. 生产部门　C. 产品批别　D. 生产步骤
17. 品种法成本计算期的特点是(　　)。
A. 与生产周期一致　　B. 据管理要求确定
C. 与会计报告期一致　　D. 在有完工产品产出时确定
18. 品种法就以(　　)为成本核算对象，据以开设成本明细账。

A. 生产单位 B. 生产车间 C. 产品品种 D. 产品结构

19. 品种法适用的生产组织方式是( )。

A. 大量生产 B. 成批生产 C. 多步骤生产 D. 单件小批生产

20. 产品成本计算的基本方法是( )。

A. 直接法 B. 顺序法 C. 代数法 D. 品种法

21. 半成品成本流转与实物一致，但又不需要成本还原的方法是( )。

A. 逐步结转法 B. 分项结转法

C. 综合结转法 D. 平行结转法

22. 采用逐步结转法半成品通过仓库收发时，半成品入库应计入( )账户。

A. "制造费用" B. "管理费用"

C. "在产品" D. "自制半成品"

23. 平行结转法的在产品成本是指( )。

A. 产成品成本中的"份额" B. 各步骤未加工完成的成本

C. 各步骤已加工完成的成本 D. 广义在产品成本

24. 成本还原的次数应是( )。

A. 与生产步骤数相等 B. 与生产步骤数无关

C. 生产步骤数加 1 D. 生产步骤数减 1

25. 分步法的适用范围( )。

A. 按步骤生产企业 B. 按品种生产企业

C. 按批次生产企业 D. 按种类生产企业

26. 分步法中领用半成品，"借：基本生产成本；贷：自制半成品"，此记账凭证反映( )。

A. 平行结转分步法

B. 综合结转分步法不通过仓库收发

C. 分项结转分步法不通过仓库收发

D. 逐步结转分步法通过仓库收发

27. 分类法的适用范围( )。

A. 是大量大批单步骤生产 B. 是大量大批多步骤生产

C. 是单件小批步骤生产 D. 与企业生产类型没有直接关系

28. 企业利用同种原材料，在同一生产过程中同时生产出的几种使用价值不同，但具有同等地位的主要产品，称为( )。

A. 产成品 B. 联产品

C. 等级品 D. 副产品

29. 企业生产主要产品的过程中，附带生产出的一些非主要产品，称为( )。

A. 联产品 B. 废品

C. 副产品 D. 次品

30. 产品品种、规格繁多又可按照一定标准划分类别的企业或企业的生产单位，适用于采用( )计算产品成本。

A. 分批法 B. 分类法

C. 分步法 D. 标准成本法

二、多项选择题

1. 工业企业的生产按照生产组织划分，可以分为(　　)。
   A. 大量生产　B. 成批生产　C. 单件生产
   D. 单步骤生产　E. 多步骤生产
2. 工业企业的生产，按照工艺过程划分，可以分为(　　)。
   A. 大批生产　B. 小批生产　C. 单步生产
   D. 多步骤生产　E. 单件生产
3. 受生产特点和管理要求的影响，在产品成本计算工作中，有以下几种成本计算对象(　　)。
   A. 产品品种　B. 产品类别
   C. 产品批别　D. 产品生产步骤
   E. 变动生产费用
4. 产品成本计算的主要方法有(　　)。
   A. 品种法　B. 分批法和分步法　C. 分类法和定额法
   D. 变动成本法　E. 标准成本法
5. 产品成本的分步法(　　)。
   A. 可以单独应用
   B. 只能单独应用
   C. 可以与另外一种基本方法结合应用
   D. 可以与分类法同时应用
   E. 可以与定额法同时应用
6. 产品成本计算的辅助方法(　　)。
   A. 与生产类型的特点没有直接联系
   B. 成本计算工作繁重
   C. 对于成本管理不重要
   D. 从计算产品实际成本的角度来说，它们不是必不可少的
   E. 可以简化成本计算工作
7. 分步法适用范围是(　　)。
   A. 大量大批生产
   B. 小批单件生产
   C. 单步骤生产或管理不要求分步计算成本的多步骤生产
   D. 管理上要求分步骤计算成本的多步骤生产
   E. 管理上要求分步骤计算的单步骤生产
8. 分批法适用于(　　)。
   A. 小批生产　B. 大量成批生产　C. 单件生产
   D. 大批生产　E. 分类生产
9. 在(　　)成本计算方法中，成本计算期与生产周期一致的。
   A. 分批法　B. 小批单件法　C. 品种法
   D. 分步法　E. 简化的品种法

10. 下列哪些企业适用品种法计算产品成本(　　)。

A. 造纸企业　B. 供电企业

C. 采掘企业　D. 专用机械制造企业

11. 在简化的分批法下,各批别基本生产成本明细账中平时记录的内容有(　　)。

A. 累计的直接材料费用　B. 累计的直接人工费用

C. 累计的制造费用　D. 累计的生产工时

12. 在简化的分批法下,期末计算完工产品成本时,从基本生产成本二级账中转出的项目有(　　)。

A. 各批完工产品应负担的直接材料费用

B. 各批完工产品应负担的直接人工费用

C. 各批完工产品应负担的制造费用

D. 各批完工产品应负担的累计生产工时

13. 简化分批法适用范围的应用条件是(　　)。

A. 同一月份投产的产品批数很多

B. 月末完工产品批数很少

C. 各月间接费用水平相差不多

D. 各月生产费用水平相差不多

14. 采用简化的分批法,各月(　　)。

A. 只计算完工产品成本

B. 只对完工产品分配间接费用

C. 不分批计算在产品成本

D. 不在完工产品与在产品之间分配费用

15. 分批法和品种法的主要区别是(　　)不同。

A. 会计核算期　B. 成本计算期

C. 生产周期　D. 成本计算对象

16. 分步法中成本计价方式有(　　)。

A. 实际成本　B. 计划成本

C. 约当产量　D. 定额比例

17. 平行结转法特点是(　　)。

A. 不需要进行成本还原　B. 不能提供各步骤半成品成本

C. 不能提供实物管理资料　D. 各步骤不能同时计算产品成本

18. 广义在产品包括(　　)。

A. 尚在本步骤加工中的在产品　B. 转入各半成品库的半成品

C. 最后未完工的在产品　D. 最后已完工的产品

19. 综合逐步结转法中的自制半成品成本一般是由上一步的(　　)项目转入。

A.“直接材料”　B.“直接人工”

C.“制造费用”　D.“自制半成品”

20. 分项逐步结转法计算与综合逐步结转法计算相同的有(　　)。

A. 直接材料　B. 直接人工

C. 制造费用　D. 自制半成品

三、判断题

1. 工业企业的生产、按其生产组织的特点划分，可分为大量生产、成批生产和单件生产三大类。（　）

2. 工业企业的生产按照生产组织划分，可以分为单步骤生产和多步骤生产两种类型。（　）

3. 生产类型的特点和管理的要求对成本计算方法的影响主要表现在成本计算对象的确定上。（　）

4. 生产类型不同，管理要求不同，产品成本计算对象也应有所不同。（　）

5. 单步骤生产，其工艺过程不可能或者不需要划分为几个生产步骤，因而只要求按产品的品种计算产品成本。（　）

6. 多步骤生产，其工艺过程由几个生产步骤组成，因而只能按产品的生产步骤计算成本。（　）

7. 品种法只适用于单步骤生产。（　）

8. 产品成本计算对象指的是品种、批次、生产步骤三种。（　）

9. 小批的单步骤生产只能采用分批法。（　）

10. 品种法下，不存在在完工产品和在产品之间进行费用分配的问题。（　）

11. 品种法和分批法的成本计算期与产品生产周期一致。（　）

12. 企业应当根据其生产特点和成本管理的要求来选择成本核算方法。（　）

13. 品种法、分批法、分步法的主要区别在于成本计算对象不同。（　）

14. 分批法需要计算期末在产品成本。（　）

15. 一个企业可以同时采用几种成本核算方法。（　）

16. 多步骤品种法的成本计算对象是生产步骤。（　）

17. 品种法也适用于大量大批生产，而且管理上不要求分步骤计算产品成本的多步骤生产企业。（　）

18. 品种法下，不存在在完工产品和在产品之间进行费用分配的问题。（　）

19. 品种法适用于多步骤生产的企业或车间，同时也适用于品种不多的大量大批生产。（　）

20. 企业生产工艺过程的特点和生产组织的特点，决定了品种法的特点。（　）

仿真训练

任务一　品种法的应用

[资料]　某工厂是大量生产的企业，由于半成品不对外销售，管理上不要求计算半成品成本，因此，用品种法计算产品成本，企业设有一个基本生产车间，生产 A、B 两种产品，还设有机修车间，企业制造费用使用工时比例进行分配，材料费用是一次投入，在产品的加工进度为 50%，采用约当产量法计算在产品成本。

[要求]

1. 根据费用分配表（表 3 - 2）编制会计分录；

2. 按生产部门电费计算各分配对象的分配金额(见表 3－3),并按分配金额编制会计分录;

3. 按工时分配 A 产品、B 产品的生产工人工资(见表 3－4),并按工资费用分配编制会计分录;

4. 将工资费用分配表中的工资填制入工资总额(见表 3－5),按工资总额的 14%计算提取金额,并按职工工资的相关支出分配表编制会计分录;

5. 按折旧费用分配表(表 3－6)编制会计分录;

6. 按预付款项、长期待摊费用分配表(表 3－7)编制会计分录;

7. 按修理费用分配表(表 3－8)编制会计分录;

8. 按其他费用分配表(表 3－9)编制会计分录;

9. 按以上会计分录登记辅助生产成本制造费用明细账(表 3－10),并编制结转辅助生产成本制造费用会计分录;

10. 按以上会计分录登记辅助生产成本明细账(表 3－11);

11. 按机修费用分配表(表 3－12)编制会计分录;

12. 按以上会计分录登记基本生产成本制造费用明细账(表 3－13);

13. 按产品工时分配制造费用,并将分配金额填入制造费用分配表中(见表 3－14),并编制分配制造费用会计分录;

14. 根据以上会计分录登记 A、B 产品生产成本明细账(见表 3－15、表 3－16),并编制结转产品成本会计分录。

表 3－1 2011 年 8 月各种产品实际产量和实际消耗工时

产品名称	完工产品产量/件	在产品数量/件	消耗工时/小时
A 产品	750	50	20 000
B 产品	124	30	5 000
合计			12 500

表 3－2 材料费用分配表

分配对象	成本项目	原材料			低值易耗品		
		计划成本	差异 2%	实际成本	计划成本	差异 −2%	实际成本
A 产品	直接材料	50 000	1 000	51 000			
B 产品	直接材料	20 000	400	20 400			
机修车间	直接材料	4 400	88	4 488			
机修车间	低值易耗品摊销				400	−8	392
基本生产车间	机物料消耗	1 600	32	1632			
基本生产车间	劳动保护费				800	−16	784
合计		76 000	1 520	77 520	12 00	−24	1 176

表 3－3　动力费用分配表

分配对象	成本项目或费用项目	耗电量	单价	分配金额
A产品	直接材料	24 000		
B产品	直接材料	8 000		
机修车间	直接材料	4 800		
基本生产车间	水电费	2 000		
		38 800		

备注:本月生产部门电费为7760元。

表 3－4 工资费用分配表

分配对象	成本项目或费用项目	分配标准(工时)	分配率	分配金额
A产品	直接人工	20 000		
B产品	直接人工	5 000		
机修车间	直接人工			3 000
机修车间	工资			1 000
基本生产车间	工资			1 200
合计				36 450

备注:本月生产产品人员工资合计为31 250元。

表 3－5 职工工资的相关支出分配表

分配对象	成本项目或费用项目	工资总额/元	提取百分比%	提取金额
A产品	直接人工			
B产品	直接人工			
机修车间	直接人工			
机修车间	薪酬支出			
基本生产车间	薪酬支出			
合计				

表 3－6 折旧费用分配表

分配对象	费用项目	分配金额
基本生产车间	折旧费	2 400
机修车间	折旧费	800
合计		3 200

表 3-7 预付款项、长期待摊费用分配表

分配对象	预付款项		长期待摊费用	合计
	保险费	低值易耗品摊销	修理费	
基本生产车间	1 000	400	800	2 200
机修车间	300	100	200	600
合计	1 300	500	1 000	2 800

表 3-8 修理费用分配表

分配对象	费用项目	金额/元
基本生产车间	修理费	1 000

表 3-9 其他费用分配表

分配对象	办公费	差旅费	运输费	合计
基本生产车间	900	1 500	1600	4 000
机修车间	360		400	760
合计	1 260	1 500	2 000	4 760

表 3-10 辅助生产成本制造费用明细账

2011 年		摘要	本期发生额	工资	工资相关支出	保险费	修理费	办公费	运输费	折旧费	低值易耗品摊销
月	日										
8	31	分配低值易耗品摊销									
	31	分配工资费用									
	31	分配福利费用									
	31	分配折旧费用									
	31	分配预付费用									
	31	分配其他费用									
		本月合计									
	31	结转制造费用									

表 3-11　辅助生产成本明细账

2007 年		摘要	借方发生额	直接材料	直接人工	制造费用
月	日					
8	31	分配材料费用				
	31	分配动力费用				
	31	分配工资费用				
	31	分配工资相关费用				
	31	结转制造费用				
	31	本月合计				
	31	月末转出				

表 3-12　机修费用分配表

车间名称:机修车间　2011 年 8 月　　单位:元			
受益单位	管理工时	分配率	分配金额
对外销售成本	1 000		6 280
企业管理部门	600		3 768
基本生产车间	400		2 512
合计	2 000	6.28	12 560

表 3-13　基本生产车间制造费用明细账

2011 年		摘要	本期发生额	机物料消耗	劳动保护费	水电费	工资及工资相关支出	折旧费	保险费	低值易耗品摊	修理费	办公费	差旅费	运输费
月	日													
8	31	分配材料费用												
	31	分配电力费用												
	31	分配工资费用												
	31	分配福利费用												
	31	分配折旧费用												
	31	分配预付												
	31	长期待摊费用												
	31	分配修理费用												
	31	分配其他费用												
	31	分配机修费用												
		本月合计												
	31	分配制造费用												

表 3-14　制造费用分配表

车间名称:基本生产车间　2011 年 8 月			
分配对象	生产工时	分配率	分配金额
A 产品	20000		
B 产品	5000		
合计			

表 3-15　基本生产成本明细账

2011 年 8 月　　完工产品:750						
产品名称:A 产品　　月末在产品:50　　单位:元						
2007 年		摘要	借方发生额	直接材料	直接人工	制造费用
月	日					
8	1	月初在产品成本	4 820	3 490	912	418
	31	本月发生数				
		累计				
		结转完工产品成本				
		期末在产品成本				

表 3-16　基本生产成本明细账

2011 年 8 月　完工产品:235						
产品名称:B 产品　　月末在产品:30　　单位:元						
2007 年		摘要	借方发生额	直接材料	直接人工	制造费用
月	日					
8	1	月初在产品成本	5 656	5 000	456	200
	31	本月发生数				
		累计				
		结转完工产品成本				
		期末在产品成本				

任务二　分批法的应用

[资料]　企业概况:某企业按照用户要求,小批生产甲、乙、丙、丁四种产品,每种产品为一批,采用分批法计算产品成本,该企业 8 月份有关资料如下:

(1)5 月份投产甲产品 8 件,批号 401,8 月份尚未完工;

(2)6 月份投产乙产品 10 件,批号 402,本月份全部完工;

(3)7 月份投产丙产品 20 件,批号 501,本月末完工 15 件,在产品 5 件,完工产品和在产品成本的成本按约当产量法分配,原材料在生产开工时一次投入,在产品完工程度为 60%;

(4)8 月份投产丁产品 6 件,批号 502,本月完工入库 2 件,完工产品按计划成本转出。计划单位成本如下:直接材料 34 000 元,燃料及动力 2 800 元,直接人工 4 400 元,制造费用 3 000 元。

表 3-17　本月各批产品各种费用分配表

产品批号	直接材料	燃料动力	直接人工	制造费用	合计
401	30 000	640	4 200	1 800	36 640
402	42 000	3 600	3 800	1 760	51 160
501	62 000	7 400	10 200	8 400	88 000
502	208 000	17 400	26 800	18 200	270 400
合计	342 000	29 040	45 000	30 160	446 200

[要求] 根据上述资料,采用分批法,登记基本生产成本明细账,计算各批产品的完工成本和月末在产品成本,编制有关会计分录。

表 3-18　基本成本明细账

产品批号 401　　　　开工日期:5 月

产品名称:甲产品　　批量:8 件　　完工日期　　单位:元

月	日	摘要	直接材料	燃料动力	直接人工	制造费用	合计
7	31	生产费用累计	80 000	2 400	17 000	6 400	105 800
8	31	分配材料费用					
8	31	分配动力费用					
8	31	分配工资费用					
8	31	分配制造费用					
8	31	生产成本累计					

表 3-19　基本成本明细账

产品批号 402　　　　开工日期:6 月

产品名称:乙产品　　批量:10 件　　完工日期:8 月 18 日　　单位:元

月	日	摘要	直接材料	燃料动力	直接人工	制造费用	合计
7	31	生产费用累计	106 000	12 400	15 600	4 600	138 600
8	31	分配材料费用					
8	31	分配动力费用					
8	31	分配工资费用					
8	31	分配制造费用					
8	31	生产成本累计					
8	31	转出产成品成本 (10 件)					

表 3-20　基本成本明细账

产品批号 501　　　　开工日期:7 月

产品名称:丙产品　　批量:20 件　　完工日期:8 月末完工 15 件　　单位:元

月	日	摘要	直接材料	燃料动力	直接人工	制造费用	合计
7	31	生产费用累计	136 000	15 568	19 572	15 576	186 716
8	31	分配材料费用					
8	31	分配动力费用					
8	31	分配工资费用					
8	31	分配制造费用					
8	31	生产成本累计					
8	31	转出产成品成本（15 件）					
8	31	产成品单位成本					
8	31	月末在产品成本					

表 3-21　基本成本明细账

产品批号 502　　　　开工日期:8 月

产品名称:丁产品　　批量:6 件　　完工日期:8 月末完工 2 件　　单位:元

月	日	摘要	直接材料	燃料动力	直接人工	制造费用	合计
8	31	分配材料费用					
8	31	分配动力费用					
8	31	分配工资费用					
8	31	分配制造费用					
8	31	生产成本累计					
8	31	计划单位成本					
8	31	转出产成品成本（2 件）					
8	31	月末在产品成本					

任务三　分步法的应用

子任务一　逐步结转分步法

[资料]　某企业生产甲种产品分两个步骤,分别由两个车间连续加工,第一车间为第二车间生产半成品,交半成品库验收;第二车间按照所耗半成品数量和全月一次加权平均单位成本计算的半成品成本领出半成品。两个车间月末的在产品均按定额成本计价。有关资料如下表所示:

表 3-22　成本计算资料

单位:元

项目	月初在产品		本月投入	转出或入库半成品	月末在产品	
	结存量	单位成本			结存量	单位成本
第一车间	360	120	900	870	390	120
半成品库	180		870	930	120	
第二车间	240	420	930	990	180	420

第一车间有关资料如下：

第一车间本月月末在产品量为 100 件，在产品定额成本为直接材料 156，直接人工 51，制造费用 27。

表 3-23　成本计算资料

步骤名称	直接材料	直接人工	制造费用	合计
第一步骤	63 000	30 000	11 400	104 400

第二车间有关资料如下：

第二车间本月月末在产品数量为 100 件，在产品定额成本为直接材料 189，直接人工 42，制造费用 21。

表 3-24　成本计算资料

步骤名称	直接材料	直接人工	制造费用	合计
第二步骤	25 200	5 400	3 000	33 600

［要求］　根据上述资料，采用综合结转分步法，登记基本生产成本明细账，并编制有关会计分录。

表 3-25　基本成本明细账

车间名称：第一车间

产品名称：甲半成品　　本月完工：870 件　　单位：元

摘要	直接材料	直接人工	制造费用	合计
月初在产品成本(定额成本)	14 400	5 400	1 800	21 600
分配本月材料费用				
分配本月人工费用				
分配本月制造费用				
生产成本累计				
完工半成品总成本				
完工半成品单位成本				
月末在产品成本(定额成本)				

表 3－26　自制半成品明细账

产品名称：甲半成品　　　　　　　　　　　　　　　　　　　　　　　单位：件

摘要	收入			发出			结存		
	数量	单价	金额	数量	单价	金额	数量	单价	金额
月初结存							180	120	21 600
本月入库	870	117.93	102 599						
本月发出				930	118.29	110 010			
月末结存							120	118.29	14 195

表 3－27　基本成本明细账

车间名称：第二车间

产品名称：甲产成品　　　　本月完工：990 件　　　　　　　　　　　单位：元

摘要	直接材料	直接人工	制造费用	合计
月初在产品成本(定额成本)	25 200	5 400	3 000	33 600
分配本月材料费用				
分配本月人工费用				
分配本月制造费用				
生产成本累计				
完工半成品总成本				
完工半成品单位成本				
月末在产品成本(定额成本)				

子任务二　平行结转分步法

[资料]　某企业大量生产丁产品。生产分为两个步骤，分别由第一、第二两个车间同时进行。第一车间生产的半成品全部为第二车间耗用，成本计算采用平行结转分步法。各步骤应计入产成品份额和广义在产品之间费用的分配，采用定额比例法，原材料费用按定额原材料费用比例分配，其他各项费用均按定额工时比例分配。第一、第二车间产品成本明细账和产成品成本汇总表以及 2 月份有关数据资料如下：

表 3－28　产品成本明细账

产品名称：丁

产量：200 件

车间名称：第一车间　　　　　　　　　　　　　　　　　　　　　　单位：元

成本项目	月初在产品费用	本月费用	生产费用合计	分配率	产成品成本中本车间份额			月末在产品费用	
					定额	实际成本	单位成本	定额	实际
原材料	6 000	10 500			8 200			6 800	
工资及福利费	2 650	3 600			1 500(小时)			1 000(小时)	
制造费用	2 950	3 550							
合　计									

表 3-29　产品成本明细账

产品名称：丁
产量：200 件
车间名称：第二车间　　　　单位：元

成本项目	月初在产品费用	本月费用	生产费用合计	分配率	产成品成本中本车间份额			月末在产品费用	
					定额	实际成本	单位成本	定额	实际
原材料									
工资及福利费	1 420	2 600			1 100（小时）			400（小时）	
制造费用	1 800	2 700							
合　计									

表 3-30　产品成本汇总表

产品名称：丁
产量：200 件
车间名称：第二车间　　　　单位：元

成本项目	第一车间份额	第二车间份额	总成本	单位成本
原材料				
工资及福利费				
制造费用				
合　计				

［要求］

1. 根据上列资料登记产品成本明细，计算各车间费用中应计入产成品份额和月末在产品费用；

2. 编制产品成本汇总表，平行结转、汇总产成品成本，编制结转产成品成本的会计分录。

任务四　分类法的应用

［资料］　某工业企业大量生产甲、乙、丙三种产品。这三种产品的结构、所用原材料和工艺过程相近，因而归为一类（A类），采用分类法计算成本。各种产品之间分配费用的标准为：原材料费用按各种产品的原材料费用系数分配，原材料费用系数按原材料费用定额确定（以乙产品为标准）；其他费用按定额工时比例分配。

甲、乙、丙三种产品的原材料费用定额和工时消耗定额如下：

原材料费用定额：

甲产品 270 元；乙产品 300 元；丙产品 450 元。

工时消耗定额：

甲产品 10 小时；乙产品 12 小时；丙产品 15 小时。

本月各种产品的产量如下：

甲产品 1 000 件；乙产品 1 200 件；丙产品 500 件。

本月 A 类产品成本明细账见表 3－31 所示，其中的月初、月末在产品成本按年初固定数计算。

表 3－31 产品成本明细账

20×2 年×月　　金额单位：元

项目	直接材料	直接人工	制造费用	合计
月初在产品成本	40 000	3 000	5 000	48 000
本月生产费用	900 600	111 650	175 450	118 7700
合计	940 600	114 650	180 450	1 235 700
完工产品成本	900 600	111 650	175 450	1 187 700
月末在产品成本	40 000	3 000	5 000	48 000

［要求］

1. 编制原材料费用系数计算表；

2. 采用分类法分配计算甲、乙、丙三种产品的成本，编制产品成本计算表。

任务五 定额法的应用

［资料］ 甲产品采用额法计算成本。本月份有关甲产品原材料费用的资料如下：

(1)月初在产品定额费用为 1 000 元，月初在产品脱离定额的差异为节约 50 元，月初在产品定额费用调整后降低 20 元。定额变动差异全部由完工产品负担。

(2)本月定额费用为 24 000 元，本月脱离定额的差异为节约 500 元。

(3)本月原材料成本差异率为节约 2%，材料成本差异全部由完工产品成本负担。

(4)本月完工产品的定额费用为 22 000 元。

［要求］

1. 计算月末在产品的原材料定额费用；

2. 计算完工产品和月末在产品的原材料实际费用(脱离定额差异，按定额费用比例在完工产品和月末在产品之间分配)。

任务六 其他行业成本核算

［资料］ 南昌百货大楼从深圳康佳集团购进 42 寸彩色电视机 100 台，每台 5 000 元，货款共计 500 000 元，增值税 85 000 元，运费 6 000 元，采用托收承付结算方式结算。该批商品验收入库，货款已付。含税零售价为 7 020 元。

［要求］ 分别按售价金额核算法、数量进价金额核算法进行账务处理。

任务七　产品成本计算综合实训

［资料］　某橡胶厂是一个中型企业，专业生产自行车内胎和外胎，产品从投料到产出整个生产过程是封闭式的。

车间及产品情况：

(1)内胎车间：专业生产自行车内胎，内胎分为有口内胎和无口内胎。

(2)外胎车间：专业生产自行车外胎，外胎分为＃28 外胎和＃26 外胎。

(3)动力车间：将外购动力通过动力车间为企业提供风、水、电。

(4)机修车间：为全厂提供修理服务。

成本费用分配及结转情况：

产品成本中的"直接材料"项目分配采用定额耗用量比例法(包装材料按产品产量分配)，"工资、福利费"及"制造费用"项目分配按工时比例法分配。生产成本在完工产品和月末产品之间的分配：内胎产品由于原材料费用占成本比重比较大，因此采用在产品成本按原材料费用计算法。内胎产品原材料费用在生产开始时一次性投入，原材料费用按完工产品和月末产品数量比例分配。外胎产品由于各月在产品数量较均匀，采用在产品成本按年初固定数计算。

动力车间的外购动力费用先记入"辅助生产成本——动力车间账户"，月末随同动力车间费用一同分配，为简化核算，两个辅助生产车间发生的管理、组织生产费用，不通过"制造费用"中生产核算，直接记入"辅助生产成本"账户。辅助生产费用分配采用交互分配法。

2012 年 5 月份产品成本核算资料和计算程序如下：

(一)5 月份生产月报及生产工时统计数字资料

表 3－32　5 月份生产月报及生产工时统计数字资料

产品	产量(条)				生产工时
	月初在产品	本月投产	本月完工	月末在产品	
有口内胎	2 000	50 000	51 000	1 000	1 500
无口内胎	1 800	40 000	41 000	800	1 400
＃28 外胎	2 000	40 000	39 000	3 000	2 100
＃26 外胎	1 500	30 000	29 500	2 000	1 900

(二)本月生产费用

1. 材料费用

(1)"材料"科目的明细分类

① 材料及主要材料：生胶、填充剂、炭黑、京光红、嘴子、帘子、布等；

②辅助黑：机油、汽油等；

③备品备件：保险电、挤出机嘴子等；

④燃料：煤；

⑤包装物：包装盒、包装箱。

(2)各类材料消耗情况

领 料 单

单位:内胎车间 2012 年 5 月 6 日

货号	品名	单位	数量	单价	金额	备注
	生胶	公斤	6 300	7.00		

负责人:张 三 保管员:李 四 经手人:王 二

领 料 单

单位:内胎车间 2012 年 5 月 6 日

货号	品名	单位	数量	单价	金额	备注
	生胶	公斤	15 000	7.00		

负责人:张 三 保管员:李 四 经手人:王 二

领 料 单

单位:机修车间 2012 年 5 月 7 日

货号	品名	单位	数量	单价	金额	备注
	保险片	个	50	8.00		
	挤出机嘴子	套	3	200.00		
	机油	公斤	4	20.00		

负责人:张 三 保管员:李 四 经手人:赵 一

领 料 单

单位:动力车间 2012 年 5 月 6 日

货号	品名	单位	数量	单价	金额	备注
	保险片	个	25	8.00		
	机油	公斤	4	20.00		
	煤	吨	100	300.00		

负责人:张 三 保管员:李 四 经手人:钱 五

领 料 单

单位:内胎车间 2012年5月6日

货号	品名	单位	数量	单价	金额	备注
	填充剂1#	公斤	11 200	10.00		

负责人:张 三 保管员:李 四 经手人:王 二

领 料 单

单位:内胎车间 2012年5月5日

货号	品名	单位	数量	单价	金额	备注
	京光红	公斤	170	25.00		

负责人:张 三 保管员:李 四 经手人:王 二

领 料 单

单位:内胎车间 2012年5月5日

货号	品名	单位	数量	单价	金额	备注
	京光红	公斤	170	25.00		

负责人:张 三 保管员:李 四 经手人:王 二

领 料 单

单位:内胎车间 2012年5月5日

货号	品名	单位	数量	单价	金额	备注
	京光红	公斤	170	25.00		

负责人:张 三 保管员:李 四 经手人:王 二

领 料 单

单位:内胎车间 2012 年 5 月 5 日

货号	品名	单位	数量	单价	金额	备注
	炭黑	公斤	1 800	5.00		

负责人:张 三 保管员:李 四 经手人:王 二

领 料 单

单位:厂部 2012 年 5 月 5 日

货号	品名	单位	数量	单价	金额	备注
	汽油	升	200	6.20		

负责人:张 三 保管员:李 四 经手人:王 二

领 料 单

单位:外胎车间 2012 年 5 月 6 日

货号	品名	单位	数量	单价	金额	备注
	帘子布	公斤	1 300	1.80		

负责人:张 三 保管员:李 四 经手人:朱 八

领 料 单

单位:内胎车间 2012 年 5 月 7 日

货号	品名	单位	数量	单价	金额	备注
	嘴子	套	90 000	0.50		

负责人:张 三 保管员:李 四 经手人:王 二

领　料　单

单位:内胎车间　　2012 年 5 月 15 日

货号	品名	单位	数量	单价	金额	备注
	生胶	公斤	6 000	7.00		

负责人:张 三　　保管员:李 四　　经手人:王 二

领　料　单

单位:外胎车间　　2012 年 5 月 15 日

货号	品名	单位	数量	单价	金额	备注
	生胶	公斤	10 000	7.00		

负责人:张 三　　保管员:李 四　　经手人:朱 八

领　料　单

单位:外胎车间　　2012 年 5 月 6 日

货号	品名	单位	数量	单价	金额	备注
	外包装箱	个	700	2.00		
	内包装箱	个	35 000	0.10		

负责人:张 三　　保管员:李 四　　经手人:朱 八

领　料　单

单位:内胎车间　　2012 年 5 月 6 日

货号	品名	单位	数量	单价	金额	备注
	外包装箱	个	900	2.0		
	内包装箱	个	45 000	0.10		

负责人:张 三　　保管员:李 四　　经手人:朱 八

(3)单位产品消耗定额资料

①内胎材料消耗定额

表 3－33 内胎材料消耗定额

材料名称	有口内胎	无口内胎
生胶	135	138
填充剂 1#(g)	123	125
京光红(g)	2	2
嘴子(套)	1	1

② 外胎材料消耗定额

表 3－34 外胎材料消耗定额

材料名称	#28 外胎	#26 外胎
生胶	320	300
填充剂 2#(g)	150	144
炭黑(g)	24	23
帘子布(g)	18	17

表 3－35 原材料限额领料单

材料名称:汽油

领料单位:内胎车间　　2012 年 5 月　　重量单位:千克　金额单位:元

产品规格		0#	计划数量	800(千克)	定额	
限额重量			计划单价	6.2	计划金额	4 960
日期		领用数	实发	累计	金额	备注
月	日					
7	9	20	20	20	124	
7	14	20	20	40	124	

会计:　　负责人:张 三　　保管员:李 四　　经手人:王 二

(4)提示

① 编制材料消耗汇总表;

② 对各种间接记入产品成本的材料费用,根据定额耗用量比例(包装材料按产品产量比例)编制材料费用分配表;

③ 根据汇总表,分配表填制记账凭证并登记有关明细账。

2. 外购动力费用

(1)本月用银行支付动力费用 30 600 元,共耗电 34 000 度(不含增值税),其中:

① 内胎车间耗电:112 00 度;

② 外胎车间耗电:216 00 度;

③ 机修车间耗电:1 000 度;

④ 行政管理部门耗电:200 度。

(2)提示:

① 编制电力费用分配表并编制有关记账凭证;

② 根据有关会计凭证登记有关明细账。

3. 工资费用

(1)该厂各车间、部门工资发放情况如下:

表 3-36　内胎车间工资结算表

2012 年 5 月

姓名	类别	应付职工薪酬				代扣款（社保）	实发工资
		基本工资	奖金	津贴	小计		
智梦成	工人	950	500	115	1 565	280	1 285.00
周立成	工人	1150	520	180	1 850	300	1 550.00
祖睿智	工人	750	480	156	1 386	210	1 176.00
……	……	……	……	……	……	……	……
小计		13 200	5 000	1 400	19 600	1 600	18 000
周柳军	管理人员	1 090	480	86	1 656	240	1 416
……	……	……	……	……	……	……	……
小计		13 000	4 000	1 000	18 000	1 500	16 500
合计		26 400	9 000	2 400	37 600	3 100	34 500

表 3-37　外胎车间工资结算表

2012 年 5 月

姓名	类别	应付职工薪酬				代扣款（社保）	实发工资
		基本工资	奖金	津贴	小计		
杨斌	工人	800	410	85	1 295	180	594.00
杨银旭	工人	700	390	108	568	168	1 030.00
徐静	工人	1 000	450	156	1 606	215	1391.00
……	……	……	……	……	……	……	……
小计		39 500	3 500	2 000	45 000	4 500	40 500
苏源	管理人员	780	400	90	1 270	170	1 100.00
……	……	……	……	……	……	……	……
小计		17 600	2 300	350	20 250	850	19 400.00
合计		57 100	5 800	2 350	65 250	5 250	59 900

表 3-38 动力车间工资结算表

2012 年 5 月

姓名	类别	应付职工薪酬				代扣款（社保）	实发工资
		基本工资	奖金	津贴	小计		
龚秋瑞	工人	780	450	120	1 350	230	1 120.00
何平平	工人	850	540	165	1 550	320	1 230.00
马瑞	工人	900	550	143	1593	450	1 143.00
肖有才	管理人员	950	500	88	1 538	400	962.00
……	……	……	……	……	……	……	……
合计		6 300	3 200	1 600	11 100	850	10 250

表 3-39 机修车间工资结算表

2012 年 5 月

姓名	类别	应付职工薪酬				代扣款（社保）	实发工资
		基本工资	奖金	津贴	小计		
曹莉莉	工人	780	450	120	1 350	230	1 120.00
陈欢欢	工人	700	390	108·	568	168	1 030.00
陈丽娟	工人	950	500	88	1 538	400	962.00
霍春英	管理人员	900	550	143	1593	450	1143.00
……	……	……	……	……	……	……	……
合计		5200	2600	2100	9900	1300	8600

表 3-40 厂部各类人员工资结算表

2012 年 5 月

姓名	类别	应付职工薪酬				代扣款（社保）	实发工资
		基本工资	奖金	津贴	小计		
李佳琪	管理人员	1 200	550	143	1893	550	1 343.00
齐丽敏	管理人员	950	500	80	1 530	400	954.00
孟凡义	管理人员	1 050	500	88	1638	450	1 012.00
……	……	……	……	……	……	……	……
合计		10 000	1 700	300	12 000	1 200	10 800

表 3-41　工资结算汇总表

2012 年 5 月

编号	姓名		基本工资	奖金	津贴	小计
1	管理人员					
2		工人				
		管理人员				
3		工人				
		管理人员				
4						
5						
6						
7						
	合计					

主管：　　　　　　　　　　审核：　　　　　　　　　　制表：

(2)提示：

① 编制工资结算汇总表、工资及福利分配表并编制记账凭证；

② 根据有关会计凭证登记有关明细账。

4. 折旧费用

该企业中月初固定资产原值 1 592 625 元，其中：机器设备原值 492 625 元，房屋建筑原值 1 100 000 元。该企业计提固定资产折旧费采用分类折旧率。机器设备月折旧率 10%；房屋建筑月折旧率 12%。

(1)各车间、部门固定资产原值明细资料如下：

表 3-42　固定资产原值明细资料

车间部门	房屋建筑物	机器设备	合　计
内胎车间	300 000	140 525	440 525
外胎车间	400 000	269 500	669 500
动力车间	100 000	22 400	122 400
机修车间	100 000	32 200	132 200
行政管理部门	200 000	28 000	228 000
合　计	1 100 000	492 625	1 592 625

(2)提示：

① 编制计提折旧费用分配表并填制有关记账凭证；

② 根据有关会计凭证登记有关明细账。

注：为简化核算，计提固定资产折旧费按月初账面固定资产原值计算；行政管理部门的办公设备也按月折旧率 0.6%计提折旧费。

5. 其他费用

该厂其他费用包括办公费、水费、差旅费、误餐费、邮电费等，用银行存款一次性支付。

(1)各车间、部门其他费用明细资料如下：

表 3－43 其他费用明细资料

车间部门	办公费	水费	差旅费	其他	合　计
内胎车间	300	300		160	760
外胎车间	400	400		220	1 020
动力车间	200	200		100	500
机修车间	150	200			350
行政管理部门	600	200	3 000		3 800
合　计	1 650	1 300	3 000	480	6 430

(2)提示：

① 根据各车间、部门发生的各项其他费用编制记账凭证；

② 根据有关会计凭证登记有关明细账。

(三)辅助生产费用

1. 动力车间、机修车间根据上述对各项费用发生所做的会计分录进行登账归集后，根据各车间、部门的受益数量采用交互分配法进行分配。生产车间动力用电根据生产工时比例在各种产品之间进行分配。"辅助生产成本"账户月末无余额。

表 3－44　劳务供应通知单

动力车间　　　　2012 年 5 月

车间、部门	内胎车间		外胎车间		机修车间	行政管理部门	合　计
	产品耗电	照明用电	产品耗电	照明用电			
受益数量(度)	11 000	200	21 200	400	1 000	200	34 000

表 3－45　劳务供应通知单

机修车间　　　　2012 年 5 月

车间、部门	内胎车间	外胎车间	机修车间	行政管理部　门	合　计
受益数量(工时)	400	540	100	60	1 100

2. 提示：

(1)根据各辅助生产车间归集的辅助生产费用，编制辅助生产费用分配表，并编制有关记账凭证；

(2)根据有关记账凭证，登记有关明细账。

(四)制造费用

1. 内胎车间，外胎车间制造费用，根据对上述各种费用的账务处理进行登账归集后，根据各种产品耗用生产工时比例进行分配，分别记入各种产品成本计算单"制造费用"项目，"制造费用"

账户月末无余额。

2. 提示：

(1)根据各生产车间归集的制造费用，编制制造费用分配表并编制记账凭证；

(2)根据有关会计凭证登记有关明细账。

(五)计算完工产品成本及月末在产品成本

1. 期初在产品成本资料如下：

表 3－46　期初在产品成本资料

产品名称	原材料	燃料及动力	工资及福利	制造费用	合　计
有口内胎	5 597.94				5 597.94
无口内胎	4 646.06				4 646.06
＃28 外胎	13879.15	1 719.60	4627.50	922.47	21 148.72
＃26 内胎	10 530.85	1 178.36	3462.50	535.04	15706.75

2. 提示：

(1)根据各种产品成本计算单归集的生产成本，进行完工产品和月末产品成本的分配计算；

(2)编制各种产品完工产品成本汇总表；

(3)根据完工产品成本汇总表编制会计分录；

(4)根据会计分录登记有关总账及明细账；

(5)进行基本生产成本总账与所属明细账的核对。

表 3－47　材料各明细账户期初余额及本期借方发生额

账户名称	明细账户	月初余额		本月借方发生额		合计
		数量	金额	数量	金额	
原材料	生胶	略	1 100	略	270 000	271 100
	保险片		600			600
	机油		340			340
	挤出机嘴子		600			600
	煤		10 000		25 000	35 000
	填充剂 1＃、2＃		113 000		263 000	373 000
	京光红		4 250			425
	炭黑		1 000		8 900	9 900
	汽油				420	420
	帘子布		340		2 000	2 340
	嘴子				50 000	50 000
	外包装箱		200		3 800	4 000
	内包装箱		1 000		8 000	9 000
	合　计		129 430		631 120	760 550

该企业“银行存款”中国工商银行账户的月末余额为 150 000 元。

模块四　产品成本报表的编制与分析

⊙训练目标

1. 能够编制商品产品成本报表、主要产品单位成本报表及制造费用明细表等主要成本报表；

2. 能够对商品产品成本计划以及可比产品成本计划完成情况进行分析；

3. 能够对主要产品单位成本计划完成情况进行分析。

关键概念

成本报表　商品产品成本报表　主要产品单位成本报表　成本报表分析　对比分析法　比率分析法　因素分析法　差额分析法

强化练习

一、单项选择题

1. 根据现行有关制度规定，成本报表属于(　　)。

   A. 外部报表

   B. 内部报表

   C. 既是内部报表，又是外部报表

   D. 是内部报表，还是外部报表由企业自行决定

2. 下列对可比产品成本降低率不具影响力的因素是(　　)。

   A. 产品成本项目价值比重　　B. 产品品种结构

   C. 产品单位成本　　D. 产品产量

3. 通过计算和对比经济指标的比率，进行数量分析的分析方法是(　　)。

   A. 比较分析法　　B. 差额计算法

   C. 连环替代法　　D. 比率分析法

4. 连环替代法是用来计算几个相互联系的因素，对综合经济指标变动的(　　)。

   A. 影响　　B. 不同影响　　C. 影响的程度　　D. 影响的情况

5. 制造费用明细表反映工业企业(　　)。

   A. 辅助生产的制造费用　　B. 基本生产的制造费用

   C. 基本生产和辅助生产的制造费用　　D. 企业各生产单位的制造费用

6. 商品产品成本表中的“单位成本”数据，必须与下列哪种报表所填列的内容一致(　　)。

   A. 资产负债表　　B. 主营业务收支明细表

C. 制造费用明细表　　D. 主要产品单位成本表

7. 可比产品成本降低率是指下列指标与可比产品按上年实际平均单位成本计算的总成本的比率(　　)。
   A. 可比产品本年累计实际总成本
   B. 可比产品成本降低额
   C. 可比产品上年累计实际总成本
   D. 可比产品单位成本降低额
8. 分析成本报表,应从哪里开始(　　)。
   A. 全部产品成本计划完成情况的总评价
   B. 单位产品成本计划完成情况的总评价
   C. 全部产品实际成本完成情况的总评价
   D. 单位产品实际成本完成情况的总评价
9. 下列分析方法中只适用于同质指标的数量对比是(　　)。
   A. 比率分析法　　B. 连环替代法
   C. 差额计算法　　D. 比较分析法
10. 运用连环替代法时要正确确定各因素的(　　)。
   A. 重要程度　　B. 排列顺序
   C. 详细程度　　D. 价值大小

二、多项选择题

1. 工业企业的成本、费用报表一般包括(　　)。
   A. 产品成本表　　B. 制造费用明细表
   C. 主要产品单位成本表　　D. 期间费用明细表
   E. 生产费用表
2. 比较分析法是指通过指标对比,从数量上确定差异的一种分析法。实际工作中采用的形式通常(　　)。
   A. 以成本的实际指标与成本计划或定额指标对比
   B. 以两个性质不同但又相关的指标对比
   C. 以不同时期指标的数值的对比
   D. 以本期实际成本指标与前期(上期、上年同期或历史上最好水平)的实际成本指标对比
   E. 以本企业实际成本指标(或某项技术经济指标)与国内外同行业先进指标对比
3. 下列指标中,属于相关指标比率的是(　　)。
   A. 产值成本率　　B. 成本利润率
   C. 销售成本率　　D. 原材料费用比率
   E. 制造费用比率
4. 影响产品材料费用总额变动的因素很多,按其相互关系可归纳为(　　)。
   A. 单位产品材料消耗量　　B. 材料成本降低额
   C. 产品产量　　D. 材料单价
   E. 材料成本降低率
5. 成本报表分析的基本方法有(　　)。

A. 指数法　　B. 图表法
C. 比率分析法　　D. 比较分析法
E. 本量利分析法

6. 产品成本表的结构包括(　　)。
A. 可比产品成本表　　B. 单位产品成本表
C. 基本报表　　D. 补充资料
E. 不可比产品成本表

7. 影响可比产品成本降低计划完成情况的因素有(　　)。
A. 产品产量　　B. 产品成本构成
C. 产品单位成本　　D. 本年计划总成本
E. 上年实际总成本

8. 工业企业编制的费用报表主要有(　　)。
A. 制造费用明细表　　B. 销售费用明细表
C. 管理费用明细表　　D. 财务费用明细表
E. 生产费用明细表

9. 影响可比产品成本降低额变动的因素有(　　)。
A. 产品产量　　B. 产品单位成本
C. 上年实际单位成本　　D. 产品品种构成
E. 计划单位成本

10. 影响可比产品成本降低率变动的因素有(　　)。
A. 产品产量　　B. 产品单位成本
C. 产品品种构成　　D. 实际降低率
E. 计划降低率

三、判断题

1. 成本报表属于内部报表,不对外公开,因此成本报表的种类、格式、项目指标的设计和编制方法、编报日期等由企业自行决定。(　　)

2. 运用连环替代法时要正确确定各因素的排列顺序,在分析相同问题时要按照同一排列顺序进行替换,否则会得出不同的计算结果。(　　)

3. 影响可比产品成本降低计划完成情况的主要因素是产品单位成本和产品品种构成。(　　)

4. 成本报表提供的实际产品成本和费用支出资料,不仅可满足企业内部的需要,而且还可以满足国家宏观调控的需要。(　　)

5. 产品成本报表,是反映企业在报告期内所产生全部产品的总成本和各种主要产品单位成本及总成本的报表。利用产品成本报表,可以对企业成本工作进行一般评价。(　　)

6. 成本报表的填列方法和计算方法前后期应基本保持一致,不应该经常变动。(　　)

7. 可比产品的实际成本降低额与降低率是指本期的实际单位成本同本年计划单位成本相比较而计算出来的。(　　)

8. 比较分析法与比率分析法可以揭示指标变动的各种因素及其影响程度。(　　)

9. 企业产品品种结构的变化,可能出现这样的特殊结果,即各种产品的成本降低率都没有完成计划,但全部可比产品成本降低率却超额完成了计划。(　　)

10. 连环替代法中，因素排列顺序或替换顺序的改变会得出各因素对综合指标影响的不同结果，但各因素的影响结果相加仍等于总差异。　　　　（　　）

仿真训练

任务一　产品成本报表的编制

[资料]　某制造企业 20×2 年度成本核算相关资料如下：

(1)产品、产量、单位成本资料如表 4-1 所示。

表 4-1　单位成本及相关数据表

项目		20×2 年累计计划产量	20×2 年累计实际产量	20×2 年实际单位成本	20×2 年计划单位成本
可比产品	A 产品	2 400 件	2 500 件	275 元	275 元
	B 产品	4 100 件	4 000 件	186 元	180 元
	C 产品	3 200 件	1 000 件	372 元	370 元
不可比产品	D 产品	900 件	3 500 件		160 元
	E 产品	1 550 件	1 500 件		480 元

(2)20×2 年度有关成本账户资料汇总如下：

“制造费用”账户资料如表 4-2 所示。

表 4-2　制造费用数据表　　　　单位：元

摘要	借方	贷方
一般耗用原材料(计划成本)	30 000	
一般耗用燃料(计划成本)	8 000	
原材料、燃料的成本差异	-760	
动力费用	50 000	
管理人员工资	20 000	
计提的职工福利费	2 200	
计提的折旧费	85 000	
支付修理费	71 300	
支付水费	2 000	
分摊租入固定资产租金	3 000	
低值易消耗品摊销(其中：劳保品)	15 000(6 000)	
办公费用	1 980	
批准报销的在产品盘亏	2 000	
批准转销的在产品盘盈		2 500
结转可修复废品负担额		2 300
结转完工产品成本		284 920

(3)"生产成本——基本生产成本"账户资料如表 4-3 所示。

表 4-3 生产成本——基本生产成本数据表 单位:元

摘要	借方	贷方
产品生产用原材料(计划成本)	2 500 000	
产品生产用资料(计划成本)	100 000	
原材料、燃料的成本差异	-52 000	
生产工人工资	200 000	
计提的职工福利	22 000	
领用的自制半成品	850 000	
负担的动力费用	180 000	
负担的制造费用	284 920	
不可修复废品成本		24 000
回收的废料		25 070
产品成本担负的废品损失	34 000	
盘盈在产品	2 500	
盘亏在产品		1 900
完工自制半产品成本		800 000
结转完工 A 产品成本		660 000
结转完工 B 产品成本		700 000
结转完工 C 产品成本		165 000
结转完工 D 产品成本		1 305 000
结转完工 E 产品成本		675 000

该科目年初借方余额 711 500 元,年末贷方余额 476 950 元。

[要求] 根据以上资料编制制造费用明细表(表 4-4)和商品产品成本表(表 4-5),并计算 20×2 年度可比产品成本计划、实际的降低额和降低率。

表 4-4 制造费用明细表 单位:元

项目	本年实际
工资	
职工福利费	
折旧费	
修理费	
办公费	
水电费	
机物料消耗	
劳动保护费	
租赁费	
低值易耗品	
其他	
合计	

表 4-5　商品产品成本表(按产品品种编制)

产品名称	计量单位	产量(件)		单位成本(元)			本年总成本(元)			
		计划	实际	上年实际平均	本年计划	本年累计实际平均	实际产量上年实际成本计算	按实际产量计划成本计算	本年实际	按计划产量计划成本计算
可比产品										
A										
B										
C										
非可比产品										
D										
E										
合计										

任务二　成本计划完成情况分析

［资料］　某企业 20×2 年 6 月产品成本报表如表 4-6 所示，产值成本计划率为 31 元/百元，商品产值本月实际数按现行价格计算为 65 894 元。

表 4-6　产品成本报表　　单位:元

产品名称	计量单位	实际产量	单位成本/元			总成本/元		
			上年实际平均	本年计划	本月实际	按上年实际平均单位成本计算	按本年计划单位成本计算	本月实际
可比产品合计								
A 产品	件	50	84	82	83			
B 产品	件	20	760	750	738	×		
不可比产品合计								
C 产品	件	8	×	125	128	×		
D 产品	件	3	×	370	365			
全部产品	×	×	×	×	×	×		

［要求］

(1)计算和填列产品成本报表中总成本各栏数字；

(2)分析全部产品成本计划的完成情况和产值成本率计划完成情况。

任务三 主要产品单位成本报表的分析

［资料］ 甲产品单位成本表如表 4－7 所示：

表 4－7 主要产品成本表

产品名称：甲 单位：元

成本项目	上年实际平均	本年计划	本期实际
直接材料	1 980	1 990	2 000
直接人工	250	260	240
制造费用	450	440	430
合计	2 680	2 690	2 670
主要技术经济指标	耗用量	耗用量	耗用量
原材料消耗量/千克	1 000	950	940
原材料单价/元	2.0	2.1	2.2

［要求］

(1)分析甲产品单位成本变动情况；

(2)分析影响原材料费用变动的各因素和各因素变动的影响程度。

任务四 产品成本计算分析综合实训

［资料］ 某保温瓶厂是一家小型企业，生产大、中、小三种不同型号的塑料保温瓶，一车间是保温瓶塑料外壳和塑料配件生产车间，二车间是装配车间。一车间生产的半成品需要验收入半成品库，二车间从半成品库领用，自制半成品发出时的成本采用全月一次加权平均法计算。一车间由于生产大、中、小三种不同规格的塑料外壳和塑料配件，成本计算采用分类法，按生产工艺过程将塑料外壳分为一类，塑料配件分为一类。完工产成品按综合结转分步法计算完工产成品成本，成本还原按照各产品所耗上步骤本月所产半成品成本构成进行。有关资料如下：

(1)各生产成本明细账的 12 月初余额见表 4－8 所示：

表 4－8 生产成本明细账的 12 月初余额 单位：元

	原材料	辅助材料	自制半成品	瓶胆	职工薪酬	制造费用
塑料外壳	10 480				1 750	1 000
塑料配件类	5 000				1 000	500
塑壳保温瓶(小)		40	500	300		
塑壳保温瓶(中)		35	400	440		
塑壳保温瓶(大)		15	300	150		

(2)20××年有关产品的全年计划产量和计划单位成本：

塑壳保温瓶(大)、塑壳保温瓶(中)、塑壳保温瓶(小)全年的计划产量分别为 213 000 只、195 000只、240 000 只。

塑壳保温瓶(大)、塑壳保温瓶(中)、塑壳保温瓶(小)全年的计划单位成本分别为 13.5 元、12 元、10 元。

(3)20××年有关产品的全年实际产量和实际累计平均单位成本：

塑壳保温瓶(大)、塑壳保温瓶(中)、塑壳保温瓶(小)全年的实际产量分别为 219 700 只、199 200只、240 000 只。

塑壳保温瓶(大)、塑壳保温瓶(中)、塑壳保温瓶(小)全年的实际累计平均单位成本分别为 13.55 元、12.0 元、10.2 元。

(4)20××年有关产品的上年实际平均单位成本：

塑壳保温瓶(大)、塑壳保温瓶(中)、塑壳保温瓶(小)上年的实际平均单位成本分别为 14.0 元、12.1 元、10.0 元。

该企业 20××年 12 月发生了以下业务：

(1)收到工商银行转来自来水公司和供电公司专用托收凭证，付水电费 10 000 元，本厂在支付水费时按固定比例进行分配，其中，塑料车间 50%，装配车间 20%，行政管理部门 30%。

(2)根据设备管理科气功的"固定资产折旧计算表"，计提本月折旧 50 000 元，其中，塑料车间 20 000 元，装配车间 15 000 元，行政管理部门 15 000 元。

(3)摊销以前预付本月负担的财产保险费 12 000 元，其中，塑料车间为 5 000 元，装配车间为 4 000 元，行政管理部门为 3 000 元。

(4)本月材料发出汇总表见表 4-9。

表 4-9　材料发出汇总表

材料名称	计量单位	发出材料	
		用途	实际成本(元)
一、塑料粒子	吨	生产成本——塑料车间(塑料壳)	142 000
		生产成本——塑料车间(塑料配件)	96 000
二、瓶胆类			
其中：大号	只	生产成本——装配车间(塑壳瓶大号)	110 000
中号	只	生产成本——装配车间(塑壳瓶中号)	80 000
小号	只	生产成本——装配车间(塑壳瓶小号)	70 000
三、辅助材料			
其中：大号	只	生产成本——装配车间(塑壳瓶大号)	4 000
中号	只	生产成本——装配车间(塑壳瓶中号)	3 900
小号	只	生产成本——装配车间(塑壳瓶小号)	4 100
四、周转材料			
其中：压力表	只	制造费用——装配车间	3 000
修边刀	把	制造费用——塑料车间	500
扳手	把	制造费用——装配车间	300

(5)企业本月应付的职工薪酬汇总表见表4-10。

表4-10 应付职工薪酬汇总表 单位:元

部门		应付职工薪酬
塑料车间	生产工人	88 000
	管理人员	54 000
	小计	142 000
装配车间	生产工人	66 000
	管理人员	25 000
	小计	91 000
行政管理人员		60 000
合计		290 000

(6)月末企业按产品定额工时分配结转各车间的制造费用。各车间产品定额工时资料如下:

塑料车间:塑料壳 2 400小时

塑料配件 2 000小时

装配车间:塑料壳保温瓶(大号) 1 100小时

塑料壳保温瓶(中号) 1 000小时

塑料壳保温瓶(小号) 1 200小时

(7)月末计算结转本月塑料车间自制半成品的成本,塑料车间月末在产品加工程度已达100%,尚未验收。塑料壳、塑料配件类内成本的划分:"原材料"项目按标准产量比例分配,大、中、小号系数分别为1.16,1,0.84;其他成本项目按产量比例分配。本月有关产量见表4-11。

表4-11 月末自制半成品

项目	完工半成品	月末在产品
塑料壳		
其中:大号	24 950	1 350
中号	23 900	2 090
小号	17 800	1 800
塑料配件		
其中:大号	23 900	1 100
中号	22 900	1 300
小号	19 700	1 000

(8)月末采用一次加权平均法,库存发出自制半成品成本。

塑料壳(大号) 3.80元/只 塑料配件(大号) 2.80元/套

塑料壳(中号) 3.46元/只 塑料配件(小号) 2.50元/套

塑料壳(小号) 3.12元/只 塑料配件(大号) 2.35元/套

(9)月末计算并结转领用自制半成品的成本，本月自制半成品的领用情况如下：

塑料壳(大号)　21 980 只　　塑料配件(大号)　21 980 套

塑料壳(中号)　19 980 只　　塑料配件(小号)　19 980 套

塑料壳(小号)　23 970 只　　塑料配件(大号)　23 970 套

(10)月末计算并结转本月装配车间完工产品成本，装配车间月末在产品按定额成本计价，而且只计材料费用，不计其他费用。在产品定额成本见表4-12。

表4-12　塑料保温瓶期末在产品定额成本

成本项目	塑料壳保温瓶		
	大号	中号	小号
自制半成品	380	352	192
瓶胆	345	300	150
辅助材料	28	21	28

(11)企业月末生产完工产品产量如下：

塑料壳保温瓶(大号)　21 970 只

塑料壳保温瓶(中号)　19 920 只

塑料壳保温瓶(小号)　24 000 只

[要求]

(1)根据有关资料，编制各有关费用分配表(表4-13至表4-17)。

(2)根据有关资料和费用分配表登记塑料车间和装配车间的制造费用明细账(表4-18，表4-19)。

(3)根据制造费用明细账的记录，编制塑料车间和装配车间制造费用分配表(表4-20，表4-21)。

(4)根据有关资料登记塑料车间的塑壳类和塑料配件类产品成本计算表(表4-22，表4-23)。

(5)根据有关资料登记装配车间各产品成本计算表(表4-24至表4-26)。

(6)根据有关资料编制商品产品成本表(表4-27)。

(7)根据有关资料，利用连环替换法对可比产品成本计划的完成情况进行分析。

表4-13　材料费用分配表

××××年12月　　单位：元

应借账户		成本或费用明细项目	间接计入			直接计入
			定额耗用量/千克	分配率	分配额	
塑料车间	塑料壳	原材料				
	塑料配件	原材料				
	小计					

（续表）

应借账户		成本或费用明细项目	间接计入			直接计入
			定额耗用量/千克	分配率	分配额	
装配车间	塑料壳大号	瓶胆				
	塑料壳中号	瓶胆				
	塑料壳小号	瓶胆				
	小计					
	塑料壳大号	辅助材料				
	塑料壳中号	辅助材料				
	塑料壳小号	辅助材料				
	小计					
制造费用	塑料车间	周转材料				
	装配车间	周转材料				
	小计					
合计						

表 4－14 职工薪酬分配表

××××年 12 月

单位：元

应借账户		成本或费用项目	定额工时	分配率	职工薪酬费用
塑料车间	塑料壳	职工薪酬			
	塑料配件	职工薪酬			
	小计				
装配车间	塑料保温瓶大号	职工薪酬			
	塑料保温瓶中号	职工薪酬			
	塑料保温瓶小号	职工薪酬			
	小计				
制造费用	塑料车间	职工薪酬			
	装配车间	职工薪酬			
	小计				
管理费用		职工薪酬			
合计					

表 4－15　水电费分配表

××××年 12 月　　单位：元

应借账户		成本或费用项目	分配标准	分配金额
制造费用	塑料车间	水电费		
	装配车间	水电费		
管理费用		水电费		
合计				

表 4－16　固定资产折旧费用分配表

××××年 12 月　　单位：元

项目	生产车间			行政管理	合计
	塑料车间	装配车间	小计		
折旧费					

表 4－17　财产保险费分配表

××××年 12 月　　单位：元

项目	生产车间			行政管理	合计
	塑料车间	装配车间	小计		
财产保险费					

表 4－18　塑料车间制造费用明细账

××××年 12 月　　单位：元

月	日	摘要	周转材料	职工薪酬	水电费	折旧费	保险费	其他	合计
12	31	据材料分配表							
	31	据职工薪酬分配表							
	31	据水电费分配表							
	31	据折旧费用分配表							
	31	据财产保险费分配表							
	31	据制造费用分配表							
	31	合计							

表 4－19　装配车间制造费用明细账

××××年 12 月　　单位：元

月	日	摘要	周转材料	职工薪酬	水电费	折旧费	保险费	其他	合计
12	31	据材料分配表							
	31	据职工薪酬分配表							
	31	据水电费分配表							

（续表）

月	日	摘要	周转材料	职工薪酬	水电费	折旧费	保险费	其他	合计
	31	据折旧费用分配表							
	31	据财产保险费分配表							
	31	据制造费用分配表							
	31	合计							

表 4-20 塑料车间制造费用分配表

××××年 12 月　　单位:元

项目	定额工时	制造费用	
		分配率	金额
塑料壳			
塑料配件			

表 4-21 装配车间制造费用分配表

××××年 12 月　　单位:元

项目	定额工时	制造费用	
		分配率	金额
塑料壳保温瓶(大号)			
塑料壳保温瓶(中号)			
塑料壳保温瓶(小号)			

表 4-22 塑料壳类产品成本计算表

车间名称:塑料　　××××年 12 月　　单位:元

项目	产量	系数	标准产量	原材料	职工薪酬	制造费用	单位成本
月初在产品							
本月生产费用							
累计							
分配率							
完工产品							
其中:大号							
中号							
小号							
月末在产品							

表 4－23　塑料配件类产品成本价算表

车间名称:塑料　　××××年 12 月　　单位:元

项目	产量	系数	标准产量	原材料	职工薪酬	制造费用	单位成本
月初在产品							
本月生产费用							
累计							
分配率							
完工产品							
其中:大号							
中号							
小号							
月末在产品							

表 4－24　产品成本计算表

车间名称:塑料

产品名称:塑料壳保温瓶(大号)　　××××年 12 月　　单位:元

项目	自制半成品	瓶胆	辅助材料	职工薪酬	制造费用	总成本	单位成本
月初在产品							
本月生产费用							
累计							
分配率							
完工产品							
月末在产品							

表 4－25　产品成本计算表

车间名称:塑料

产品名称:塑料壳保温瓶(中号)　　××××年 12 月　　单位:元

项目	自制半成品	瓶胆	辅助材料	职工薪酬	制造费用	总成本	单位成本
月初在产品							
本月生产费用							
累计							
分配率							
完工产品							
月末在产品							

表 4-26 产品成本计算表

车间名称：塑料

产品名称：塑料壳保温瓶（小号） ××××年 12 月 单位：元

项目	自制半成品	瓶胆	辅助材料	职工薪酬	制造费用	总成本	单位成本
月初在产品							
本月生产费用							
累计							
分配率							
完工产品							
月末在产品							

表 4-27 商品产品成本表

××××年 12 月 金额单位：元

产品名称	计量单位	实际产量		单位成本				本月总成本			本月累计总成本		
		本月	本年累计	上年实际平均	本年计划	本月实际	本月实际累计平均	按上年实际平均单位成本计算	按上年计划单位成本计算	本月实际	按上年实际平均单位成本计算	按上年计划单位成本计算	本年实际
		(1)	(2)	(3)	(4)	(5)=(9)/(1)	(6)=(12)/(2)	(7)=(3)×(1)	(8)=(1)×(4)	(9)	(10)=(2)×(3)	(11)=(2)×(4)	(12)
可比产品 塑料保温瓶（大） 塑料保温瓶（中） 塑料保温瓶（小）	只												
产品成本合计													

补充材料：(1)可比产品成本降低额　　元；

(2)可比产品成本降低率　　%；

(3)计划成本降低额　　元；

(4)计划成本降低率　　%。

附录 成本会计公式汇总

1. 要素费用在多个受益对象间进行分配

$$费用分配率=\frac{待分配费用总额}{分配标准总额}$$

$$\begin{matrix}某受益对象\\应负担费用\end{matrix}=\begin{matrix}该受益对象的\\分配标准\end{matrix}\times\begin{matrix}费用\\分配率\end{matrix}$$

2. 原材料按计划成本核算发出的计价

$$本月材料成本差异率=\frac{月初结存成本差异+本月收入材料成本差异}{月初结存材料计划成本+本月收入材料计划成本}\times 100\%$$

$$\begin{matrix}发出材料应分摊\\的成本差异\end{matrix}=\begin{matrix}发出材料\\计划成本\end{matrix}\times\begin{matrix}材料成本\\差异率\end{matrix}$$

$$\begin{matrix}发出材料\\实际成本\end{matrix}=\begin{matrix}发生材料\\计划成分\end{matrix}\pm\begin{matrix}发生材料应摊\\的成本差异\end{matrix}$$

3. 原材料费用的分配

(1)产品重量比例分配法

$$材料费用分配率=\frac{共同耗用的材料费用总和}{各种产品重量之和}$$

$$某种产品应分配的材料费用=该种产品的重量\times材料费用分配率$$

(2)产品产量比例分配法

$$材料费用分配率=\frac{共同耗用的材料费用总和}{各种产品产量之和}$$

$$某种产品应分配的材料费用=该种产品的产量\times材料费用分配率$$

(3)材料定额消耗量比例法

$$\begin{matrix}某种产品材料\\定额耗用量\end{matrix}=\begin{matrix}该种产品\\实际产量\end{matrix}\times\begin{matrix}单位产品材料\\消耗定额\end{matrix}$$

$$材料耗用量分配率=\frac{材料实际消耗总量}{各种产品材料定额耗用量之和}$$

$$\begin{matrix}某种产品应分配\\的材料数量\end{matrix}=\begin{matrix}该种产品定额\\消耗的材料总量\end{matrix}\times\begin{matrix}材料耗用量\\分配率\end{matrix}$$

$$\text{某种产品应分配的材料费用}=\text{该种产品应分配的材料数量}\times\text{材料单价}$$

或：

$$\text{材料费用分配率}=\frac{\text{实际耗用材料费用总额}}{\text{各种产品材料定额耗用量之和}}$$

$$\text{某种产品应分配的材料费用}=\text{该种产品材料定额耗用量}\times\text{材料费用分配率}$$

(4)材料定额费用比例法

$$\text{某种产品某种材料定额费用}=\text{该种产品实际产量}\times\text{单位产品该种材料费用定额}=\text{该种产品实际产量}\times\text{单位产品该种材料消耗定额}\times\text{该种材料计划单价}$$

$$\text{材料费用分配率}=\frac{\text{各种材料实际费用总额}}{\text{各种产品各种材料定额费用之和}}$$

$$\text{某种产品分配负担的材料费用}=\text{该种产品各种材料定额费用之和}\times\text{材料费用分配率}$$

4. 月薪制下计算计时工资

(1)按月标准工资扣除缺勤天数应扣工资额计算

$$\text{某职工本月应得工资}=\text{该职工月标准工资}-\left(\text{事假天数}\times\text{日标准工资}\right)-\left(\text{病假天数}\times\text{日标准工资}\times\text{病假扣款率}\right)$$

(2)按出勤天数直接计算

$$\text{某职工本月应得工资}=\text{该职工本月出勤天数}\times\text{日标准工资}+\text{病假天数}\times\text{日标准工资}\times\left(1-\text{病假扣款率}\right)$$

5. 计算计件工资

(1)个人计件工资

$$\text{应付计件工资}=\sum(\text{某工人本月生产每种产品产量}\times\text{该种产品计件单价})$$

$$\text{某种产品计件单价}=\text{生产单位产品所需工时定额}\times\text{该工人小时工资率}$$

或：

$$\text{应付计件工资}=\text{某工人本月生产各种产品定额工时之和}\times\text{该工人小时工资率}$$

(2)集体计件工资

$$\text{工资分配率}=\text{小组计件工资总额}\div\text{小组计时工资总额}$$

6. 人工费用的分配

$$\text{生产工人工资分配率}=\frac{\text{生产工人工资总额}}{\text{各产品实际(定额)工时之和}}$$

$$\text{各种产品应分配的工资额}=\text{各产品实际(定额)工时}\times\text{分配率}$$

7. 折旧费用的分配

(1)年限平均法

$$年折旧率=\frac{1-预计净残值率}{预计使用寿命(年)}\times 100\%$$

$$月折旧率=年折旧率/12$$

$$月折旧额=固定资产原价\times 月折旧率$$

(2)工作量法

$$单位工作量折旧额=固定资产原价\times \frac{1-预计净残值率}{预计总工作量}$$

$$某项固定资产月折旧额=该项固定资产当月工作量\times 单位工作量折旧额$$

(3)双倍余额递减法

$$年折旧率=\frac{2}{预计使用寿命(年)}\times 100\%$$

$$月折旧率=年折旧率/12$$

$$月折旧额=每月月初固定资产账面净值\times 月折旧率$$

(4)年数总和法

$$年折旧率=\frac{预计使用寿命-已使用年限}{预计使用寿命\times(预计使用寿命+1)/2}\times 100\%$$

$$月折旧率=年折旧率/12$$

$$月折旧额=(固定资产原值-预计净残值)\times 月折旧率$$

8. 辅助生产费用的分配

(1)直接分配法

$$\begin{matrix}费用分配率\\(单位成本)\end{matrix}=\frac{某辅助生产部门待分配费用}{该辅助生产部门提供给辅助生产部门以外受益对象的劳务总量}$$

某受益对象分配额=该受益对象接受的劳务供应总量×费用分配率

(2)交互分配法

交互分配：

$$交互分配率=\frac{辅助生产部门直接费用额}{劳务供应总量}$$

$$\begin{matrix}某辅助生产部门\\分入的辅助生产费用\end{matrix}=\begin{matrix}该辅助生产部门\\受益的劳动量\end{matrix}\times\begin{matrix}对应的\\交互分配率\end{matrix}$$

$$\begin{matrix}某辅助生产部门\\分出的辅助生产费用\end{matrix}=\begin{matrix}提供给某辅助\\生产部门的劳动量\end{matrix}\times\begin{matrix}对应的\\交互分配率\end{matrix}$$

对外分配：

$$某辅助生产部门对外费用分配率=\frac{该辅助生产部门对外待分配费用}{对外提供的劳务总量}$$

$$\begin{matrix}某辅助生产部门 \\ 对外待分配费用\end{matrix}=\begin{matrix}该辅助生产部门 \\ 直接费用\end{matrix}+\begin{matrix}交互分入 \\ 的费用\end{matrix}-\begin{matrix}交互分出 \\ 的费用\end{matrix}$$

$$\begin{matrix}某受益单位应分摊 \\ 辅助生产费用\end{matrix}=\begin{matrix}该单位受益 \\ 的劳务量\end{matrix}\times\begin{matrix}对外费用 \\ 分配率\end{matrix}$$

(3)计划成本分配法

按计划成本分配：

$$\begin{matrix}某受益对象应分配劳务 \\ 费用(含辅助生产成本)\end{matrix}=\begin{matrix}该受益对象的 \\ 受益数量\end{matrix}\times\begin{matrix}计划 \\ 单位成本\end{matrix}$$

分配成本差异：

$$\begin{matrix}成本 \\ 差异\end{matrix}=\begin{matrix}各辅助生产部门 \\ 发生的费用\end{matrix}+\begin{matrix}按计划成本分配 \\ 转入的费用\end{matrix}-\begin{matrix}按计划成本分配 \\ 转出的费用\end{matrix}$$

$$\begin{matrix}成本差异 \\ 分配率\end{matrix}=\frac{成本差异额}{辅助生产部门以外的受益单位劳务量}$$

（或分配的计划成本）

$$\begin{matrix}某受益单位应分 \\ 成本差异\end{matrix}=\begin{matrix}该受益单位受益量 \\ (或分摊的计划成本)\end{matrix}\times\begin{matrix}成本差异 \\ 分配率\end{matrix}$$

9. 制造费用的分配

(1)生产工时比例法

$$制造费用分配率=\frac{制造费用总额}{各产品生产工时总数}$$

某种产品应负担的制造费用＝该种产品的生产工时数×分配率

(2)生产工人工资比例法

$$制造费用分配率=\frac{制造费用总额}{各产品生产工人工资总额}$$

某种产品应负担的制造费用＝该种产品生产工人工资×制造费用分配率

(3)机器工时比例法

$$制造费用分配率=\frac{制造费用总额}{各种产品所用机器工时总数}$$

某种产品应负担的制造费用＝该种产品的机器工时数×制造费用分配率

(4)年度计划分配率法

$$制造费用计划分配率=\frac{年度制造费用计划总额}{年度预计产量的定额标准数}$$

$$\text{某种产品应分配的制造费用}=\text{该种产品的实际产量定额标准}\times\text{计划分配率}$$

10. 按废品所耗实际费用计算不可修复废品损失

$$\text{废品负担的直接材料费用}=\frac{\text{某产品直接材料总额}}{\text{合格品数量}+\text{废品数量(或约当产量)}}\times\text{废品数量(或约当产量)}$$

$$\text{废品负担的直接人工费用}=\frac{\text{某产品直接人工总额}}{\text{合格品数量(或工时)}+\text{废品约当产量(或工时)}}\times\text{废品约当产量(或工时)}$$

$$\text{废品负担的制造费用}=\frac{\text{某产品制造费用总额}}{\text{合格品数量(或工时)}+\text{废品约当产量(或工时)}}\times\text{废品约当产量(或工时)}$$

11. 可修复废品损失

$$\text{可修复废品损失}=\text{修复废品材料费用}+\text{修复废品人工费用}-\text{修复废品制造费用}$$

12. 在产品成本与完工产品成本的计算关系

月初在产品成本＋本月生产费用＝本月完工产品成本＋月末在产品成本

或：

本月完工产品成本＝月初在产品成本＋本月生产费用－月末在产品成本

13. 生产费用在完工产品和在产品之间分配

(1)在产品按所耗原材料费用计价法

$$\text{单位产品原材料成本}=\frac{\text{原材料费用总额}}{\text{完工产品数量}+\text{月末在产品数量}}$$

月末在产品成本＝月末在产品数量×单位产品原材料成本

本月完工产品成本＝月初在产品成本＋本月生产费用－月末在产品成本

(2)约当产量比例法

$$\text{某项费用分配率}=\frac{\text{该项费用总额}}{\text{完工产品数量}+\text{在产品约当产量}}$$

完工产品应分配该项费用＝完工产品产量×该项费用分配率

$$\text{在产品应分配该项费用}=\text{在产品约当产量}\times\text{该项费用分配率}=\text{该项费用总额}-\text{完工产品该项费用}$$

在产品约当产量＝在产品实际数量×在产品完工程度(或投料程度)

(3)定额比例法

$$\text{消耗量分配率}=\frac{\text{月初在产品实际消耗量}+\text{本月实际消耗量}}{\text{完工产品定额消耗量}+\text{月末在产品定额消耗量}}$$

完工产品实际消耗量＝完工产品定额消耗量×消耗量分配率

完工产品成本＝完工产品实际消耗量×材料单价(或工时工资、费用)

月末在产品实际消耗量＝月末在产品定额消耗量×消耗量分配率

月末在产品成本＝月末在产品实际消耗量×材料单价(或工时工资、费用)

或：

$$\text{直接材料费用分配率}=\frac{\text{月初在产品直接材料费用}+\text{本月实际发生直接材料费用}}{\text{完工产品定额材料费用}+\text{月末在产品定额材料费用}}$$

$$\text{完工产品实际直接材料费用}=\text{完工产品定额直接材料费用}\times\text{直接材料费用分配率}$$

$$\text{月末在产品实际直接材料费用}=\text{月末在产品定额直接材料费用}\times\text{直接材料费用分配率}$$

$$\text{直接人工费用分配率}=\frac{\text{月初在产品直接人工费用}+\text{本月实际发生直接人工费用}}{\text{完工产品定额工时}+\text{月末在产品定额工时}}$$

$$\text{完工产品实际人工费用}=\text{完工产品定额工时}\times\text{直接人工分配率}$$

$$\text{月末在产品实际人工费用}=\text{月末在产品定额工时}\times\text{直接人工分配率}$$

$$\text{制造费用分配率}=\frac{\text{月初在产品制造费用}+\text{本月实际发生制造费用}}{\text{完工产品定额工时}+\text{月末在产品定额工时}}$$

$$\text{完工产品实际制造费用}=\text{完工产品定额工时}\times\text{制造费用分配率}$$

$$\text{月末在产品实际制造费用}=\text{月末在产品定额工时}\times\text{制造费用分配率}$$

14. 综合结转的成本还原

$$\text{成本还原率}=\frac{\text{本月产成品所耗用上一步骤半成品费用}}{\text{本月所产该半成品成本合计}}$$

$$\text{应还原为上步骤成本项目金额}=\text{上一步骤生产的半成品某个成本项目的成本}\times\text{成本还原率}$$

15. 平行结转分步法

$$\text{某步骤计入产成品成本份额}=\text{产成品数量}\times\text{单位产成品耗用该步骤半成品数量}\times\text{该步骤半成品单位成本}$$

(1)按定额比例法分配

$$\text{某步骤某项费用分配率}=\frac{\text{该步骤该项目期初费用}+\text{该步骤该项目本月发生费用}}{\text{产成品定额消耗量（工时）或定额费用}+\text{月末广义在产品定额消耗量（工时）或定额费用}}$$

$$\text{月末广义在产品定额消耗量（工时）或定额费用}=\text{月初广义在产品定额消耗量（工时）或定额费用}+\text{本月投入的定额消耗量（工时）或定额费用}-\text{本月产成品定额消耗量（工时）或定额费用}$$

$$\text{本月产成品定额消耗量（工时）或定额费用}=\text{本月产成品数量}\times\text{单位产成品的消耗定额（工时）或费用定额}$$

$$\text{某步骤某项费用应计入产成品成本的份额}=\text{产成品定额消耗量（工时）或定额费用}\times\text{某步骤某项费用分配率}$$

(2)按约当产量法分配

$$\text{某步骤某项费用分配率}=\frac{\text{该步骤该项期初费用}+\text{该步骤该项本月发生费用}}{\text{产成品数量}+\text{该步骤期末广义在产品约当产量}}$$

$$\text{某步骤分配材料费用的期末广义在产品约当产量}=\text{已经本步骤加工而留存以后各步骤（含半成品库）的月末半成品数量}+\text{本步骤期末在产品数量}\times\text{本步骤期末在产品投料程度}$$

$$\text{某步骤分配其他费用的期末广义在产品约当产量}=\text{已经本步骤加工而留存以后各步骤（含半成品库）的月末半成品数量}+\text{本步骤期末在产品数量}\times\text{本步骤期末在产品加工程度}$$

$$\text{某步骤某项费用应计入产成品份额}=\text{产成品数量}\times\text{单位产成品耗用该步骤半成品数量}\times\text{该步骤该项费用应计入产成品单位费用分配率}$$

$$\text{某步骤某项费用期末在产品成本}=\text{该步骤该项费用期初在产品成本}+\text{本步骤该项费用本期发生额}-\text{该步骤该项费用应计入产成品成本的份额}$$

16. 分类法计算产品成本

$$\text{某产品系数}=\frac{\text{该产品售价（或定额消耗量、体积等）}}{\text{标准产品售价（或定额消耗量、体积等）}}$$

$$\text{某产品总系数（标准产量）}=\text{该产品实际产量}\times\text{该产品系数}$$

$$\text{费用分配率}=\frac{\text{应分配成本总额}}{\text{各种产品系数之和}}$$

$$\text{某产品应分配费用}=\text{该产品总系数}\times\text{费用分配率}$$

17. 定额法计算产品成本

$$\begin{matrix}\text{产品实}\\\text{际成本}\end{matrix}=\begin{matrix}\text{按现行定额计算}\\\text{的产品定额成本}\end{matrix}\pm\begin{matrix}\text{脱离现行}\\\text{定额差异}\end{matrix}\pm\begin{matrix}\text{材料成}\\\text{本差异}\end{matrix}\pm\begin{matrix}\text{月初在产品}\\\text{定额变动差异}\end{matrix}$$

直接材料定额成本＝产品原材料消耗定额×原材料计划单位成本

直接人工定额成本＝产品生产工时定额×计划小时工资率

制造费用定额成本＝产品生产工时定额×计划小时工资率

18. 可比产品成本计划完成情况分析

(1)可比产品成本降低计划完成情况分析

$$\text{计划降低额}=\sum\left[\text{计划产量}\times\left(\begin{matrix}\text{上年实际}\\\text{单位成本}\end{matrix}-\begin{matrix}\text{本年计划}\\\text{单位成本}\end{matrix}\right)\right]$$

$$\text{计划降低率}=\frac{\text{计划成本降低额}}{\sum\left(\text{计划产量}\times\begin{matrix}\text{上年实际}\\\text{单位成本}\end{matrix}\right)}\times100\%$$

$$\text{实际降低额}=\sum\left[\text{实际产量}\times\left(\begin{matrix}\text{上年实际}\\\text{单位成本}\end{matrix}-\begin{matrix}\text{本年实际}\\\text{单位成本}\end{matrix}\right)\right]$$

$$\text{实际降低率}=\frac{\text{实际成本降低额}}{\sum\left(\text{实际产量}\times\begin{matrix}\text{上年实际}\\\text{单位成本}\end{matrix}\right)}\times100\%$$

(2)可比产品成本降低计划完成情况的因素分析

$$\begin{matrix}\text{产量变动对成本}\\\text{降低额的影响}\end{matrix}=\left[\sum\left(\begin{matrix}\text{实际}\\\text{产量}\end{matrix}\times\begin{matrix}\text{上年实际}\\\text{单位成本}\end{matrix}\right)-\sum\left(\begin{matrix}\text{计划}\\\text{产量}\end{matrix}\times\begin{matrix}\text{上年实际}\\\text{单位成本}\end{matrix}\right)\right]\times\begin{matrix}\text{计划成本}\\\text{降低率}\end{matrix}$$

$$\begin{matrix}\text{品种结构变动对}\\\text{成本降低额的影响}\end{matrix}=\sum\left(\begin{matrix}\text{实际}\\\text{产量}\end{matrix}\times\begin{matrix}\text{上年实际}\\\text{单位成本}\end{matrix}\right)-$$

$$\sum\left(\begin{matrix}\text{实际}\\\text{产量}\end{matrix}\times\begin{matrix}\text{计划单}\\\text{位成本}\end{matrix}\right)-\sum\left(\begin{matrix}\text{实际}\\\text{产量}\end{matrix}\times\begin{matrix}\text{上年实际}\\\text{单位成本}\end{matrix}\right)\times\begin{matrix}\text{计划成本}\\\text{降低率}\end{matrix}$$

$$\begin{matrix}\text{品种结构变动对}\\\text{成本降低率的影响}\end{matrix}=\frac{\begin{matrix}\text{品种结构变动对}\\\text{成本降低额的影响数}\end{matrix}}{\sum\left(\begin{matrix}\text{实际}\\\text{产量}\end{matrix}\times\begin{matrix}\text{上年实际}\\\text{单位成本}\end{matrix}\right)}\times100\%$$

$$\begin{matrix}\text{产品单位成本变动对}\\\text{成本降低额的影响}\end{matrix}=\sum\left[\begin{matrix}\text{实际}\\\text{产量}\end{matrix}\times\left(\begin{matrix}\text{计划单}\\\text{位成本}\end{matrix}-\begin{matrix}\text{实际单}\\\text{位成本}\end{matrix}\right)\right]$$

$$\text{产品单位成本变动对成本降低率的影响}=\frac{\text{单位成本变动对成本降低额的影响数}}{\sum\left(\text{实际产量}\times\text{上年实际单位成本}\right)}\times 100\%$$

19. **主要产品单位成本的成本项目分析**

(1)直接材料成本费用的分析

$$\text{单位产品材料成本}=\sum(\text{单位产品材料消耗量}\times\text{材料单价})$$

$$\text{单耗变动对单位材料成本的影响}=\sum\left[(\text{实际单耗}-\text{计划单耗})\times\text{计划材料单价}\right]$$

$$\text{单价变动对单位材料成本的影响}=\sum\left[\text{实际单耗}\times(\text{实际材料单价}-\text{计划材料单价})\right]$$

(2)直接人工费用的分析

①单一产品的人工成本的分析

$$\text{单位产品人工成本}=\frac{\text{生产工人薪酬总额}}{\text{完工产品产量}}$$

$$\text{产品产量变动对单位产品人工成本的影响}=\frac{\text{计划工人薪酬总额}}{\text{实际产品产量}}-\frac{\text{计划工人薪酬总额}}{\text{计划产品产量}}$$

$$\text{工人薪酬总额变动对单位产品人工成本的影响}=\frac{\text{实际工人薪酬总额}-\text{计划工人薪酬总额}}{\text{实际产品产量}}$$

②多种产品的人工成本的分析

单位产品人工成本＝单位产品生产工时×小时工资率

$$\text{单位产品工时变动对单位产品人工成本的影响}=\left(\text{单位产品实际工时}-\text{单位产品计划工时}\right)\times\text{计划小时薪酬率}$$

$$\text{小时薪酬率的变动对单位产品人工成本的影响}=\text{单位产品实际工时}\times\left(\text{实际小时薪酬率}-\text{计划小时薪酬率}\right)$$

(3)制造费用的分析

①单一产品制造费用的分析

$$\text{单位产品制造费用}=\frac{\text{制造费用总额}}{\text{完工产品产量}}$$

$$\text{产品产量变动对单位产品制造费用的影响}=\frac{\text{计划制造费用}}{\text{实际产品产量}}-\frac{\text{计划制造费用}}{\text{计划产品产量}}$$

$$\text{制造费用总额变动对单位产品制造费用的影响}=\frac{\text{实际制造费用总额}-\text{计划制造费用总额}}{\text{实际产品产量}}$$

②多种产品制造费用的分析

$$单位产品制造费用=单位产品生产工时\times小时制造费用率$$

$$\frac{单位产品工时变动对单}{位产品制造费用的影响}=\left(\frac{单位产品}{实际工时}-\frac{单位产品}{计划工时}\right)\times\frac{计划小时}{费用率}$$

$$\frac{小时费用率的变动对单}{位产品制造费用的影响}=\frac{单位产品}{实际工时}\times\left(\frac{实际小时}{费用率}-\frac{计划小时}{费用率}\right)$$

参考文献

1. 罗荷英,徐敏,李薇．成本会计实务习题与实训．北京:北京理工大学出版社,2010
2. 徐衡山．成本会计．北京:科学出版社,2008
3. 杨翠萍,李洁．成本会计．北京:中国财政经济出版社,2005
4. 程坚．成本会计实务．北京:高等教育出版社,2010
5. 江希和．成本会计(第二版)．北京:高等教育出版社,2006
6. 李惠,王振岫．成本会计学．北京:光明日报出版社,2007
7. 孔德兰．成本会计．北京:中国金融出版社,2007
8. 鲁广信,赵克罗,李树军．成本核算实务．北京:中国市场出版社,2005
9. 财政部．企业会计准则．北京:经济科学出版社,2006
10. 财政部．企业会计准则——应用指南．北京:中国财政经济出版社,2006
11. 鲁亮升．成本会计．大连:东北财经大学出版社,2005
12. 顾振华．成本会计案例与实训．北京:机械工业出版社,2004
13. 江希和,向有才．成本会计习题与实训．北京:北京师范大学出版集团,2011
14. 郑伦卉,薄萍．成本会计案例实训．北京:经济管理出版社,2010
15. 顾全根．成本会计实务．北京:清华大学出版社,2009
16. 毛波军．成本会计．北京:科学出版社,2010
17. 李富荣．成本会计实训．大连:大连理工大学出版社,2009